قراءة في كتاب:
الحرية والثقافة
للفيلسوف الأمريكي جون ديوي

ممدوح الشيخ

الكتاب: قراءة في كتاب: الحرية والثقافة

للفيلسوف الأمريكي جون ديوي

المؤلف: ممدوح الشيخ

في المقدمة التي كتبها الأستاذ أمين مرسي قنديل مترجم الكتاب، تناول بشكل مختصر شخص المؤلف (جون ديوي) ومكانته في تاريخ الفلسفة الغربية والثقافة الأمريكية. وقد فضلنا أن نلحق دراستنا عن الكاتب وكتابه بعد نص الكتاب، حتى لا نفرض قراءة — مسبقة — بعينها على القاريء، ولقناعتنا بأن مثل القراءة — على الأرجح — تعني بعض القراء وحسب. وسنتناول الكاتب أولاً.

جون ديوي

جون ديوي (1859 – 1952) أحد أهم فلاسفة النصف الثاني من القرن التاسع عشر والنصف الأول من القرن العشرين على أكثر من صعيد. على المستوى الفلسفي البحت كان ديوي أحد مؤسسي البراغماتية الأميركية التي أتت كفلسفة ناقدة للفلسفة

3

الأوروبية في القرن السابع والثامن عشر. وعلى الصعيد التربوي، يعدُّ ديوي المؤسس الحقيقي لفلسفة التربية، لاعتبار أساسي هو أن التربية لم تعد مجالاً لتطبيق نظرياته الفلسفية، بقدر ما كانت التربية هي التجربة والخبرة التي تصاغ داخلها الرؤى والأطروحات الفلسفية. على الصعيد الاجتماعي والسياسي كان ديوي فيلسوف رأي عام يكتب في الصحف ويناقش القضايا الاجتماعية والسياسية ويعتقد أن من واجب المفكر وصل العلاقة بين أفكاره والواقع الذي يعيشه.(1)

ولد ديوي سنة 1859 في برلنغتون بولاية فيرمونت الأمريكيّة وبها درس. التحق بجامعة فيرمونت في الخامسة عشرة من عمره وتميّز في مادة الفلسفة. وفي سنة 1879 نشر أوّل بحث فلسفي له في إحدى المجلات العلميّة. وتمكّن سنة 1884 من نيل درجة الدكتوراه في الفلسفة من جامعة **جونز هوبكنز**. وتمّ إلحاقه بقسم الفلسفة بجامعة ميشيغان، لينتقل سنة 1894 إلى **جامعة شيكاغو**، ويترأّس

_____

(1) جون ديوي.. البراغماتية كتحرر فكري: آمن أن من واجب المفكر وصل العلاقة بين أفكاره وواقعه — عبد الله المطيري — جريدة الشرق الأوسط اللندنية — بتصرف يسير — .

قسم الفلسفة وعلم النفس والتربية فيها. ومنها انطلق في الكشف عن أفكاره التربويّة التي عدّت تقدّميّة، وأنشأ مدرسة تجريبيّة لإثبات قابليّتها الإجرائيّة أو العمليّة. إلاّ أنّ معارضة القائمين على شؤون الجامعة لتجاربه دفعته إلى الاستقالة سنة 1904 والانتقال من ثمّ إلى كلّيّة المعلّمين بجامعة كولومبيا وبها بقي إلى أن بلغ سنّ التقاعد سنة 1930. توفّي جون ديوي في اليوم الأوّل من شهر يونيو سنة 1952.([2])

وديوي، بحسب مؤرخ الفكر إبراهيم العريس، كان الفيلسوف الأميركي جون ديوي واحداً من أبرز المفكرين العمليين في القرن العشرين([3]). وهو بحسب "**دليل أوكسفورد للفلسفة**": "**فيلسوف أمريكي طوَّر براجماتية منظومية تعنى بالمسائل المركزية في: الإبستمولوجيا، الميتافيزيقا، الأخلاق، والاستاطيقا. بطريقة تتسق**

([2]) جون ديوي – موقع مؤسسة مؤمنون بلا حدود للدراسات – يوليو 2014.

([3]) "الفن كخبرة" لجون ديوي: وسيلة لتمكين الناس من الإفلات من عزلتهم – ابراهيم العريس – جريدة الحياة اللندنية – ١٣ نوفمبر ٢٠١٢.

مع آرائه الفلسفية، الواقع أنه بسببها، خاض ديوي كثيراً في قضايا عصره الاجتماعية، خصوصاً إصلاح المدارس الأمريكية، فضلاً عن السياسات القومية والدولية".([4])

و"عالجت فلسفة ديوي مواضيع عديدة، فهي فلسفة للحياة تؤمن بالتغيير، وتهدف إلى التطور والنمو، وتتخذ من الخبرة منهجاً لها في مواجهة الواقع ومعالجة مشكلاته، كما تتخذ، من التفكير العلمي أداتها المنطقية من أجل الوصول إلى الحقيقة الموضوعية".([5])

بدأ ديوي حياته الفلسفية "**تحت تأثير أشياع هيجل**"، وهو لئن انتمى إلى الفكر البراغماتي بعدما كانت بداياته هيغلية، فإنه اختطّ لنفسه، ضمن إطار "**البراغماتية**"، طريقاً أبعدته بعض الشيء عن

([4]) دليل أكسفورد للفلسفة – تحرير: تد هوندرتش – ترجمة: نجيب الحصادي – المكتب الوطني للبحث والتطوير – ليبيا – المجلد الأول – ص 387.

([5]) الخبرة الجمالية وأبعادها التربوية في فلسفة جون ديوي – الدكتور صابر جيدوري – مجلة جامعة دمشق – المجلد 26 – العدد الثالث – 2010 – ص 16.

طريق عملاقي البراغماتية الآخرين بيرس وجيمس. وهذه الطريق الخاصة بديوي هي التي جعلت مفكرنا العربي المصري الراحل زكي نجيب محمود، يرى أن فلسفة ديوي يمكن أن يطلق عليها اسم "**ذرائعية**"([6])، وذلك انطلاقاً من بُعدها الوظيفي الاجتماعي

([6]) الذريعة هي: الوسيلة، وجمعها ذرائع. والذرائعية instrumentalism هي مذهب جون ديوي، الذي يقرر أن الأفكار والنظريات والمعارف والنتائج والغايات وسائل وذرائع دائمة لبلوغ غايات جديدة، وتعديل وتوضيح المعايير والمعارف دوماً في ضوء الخبرات المتراكمة، أي إنها ذرائع لمزيد من العمل، وعلى هذا كل نظرية هي أداة أو ذريعة إلى العمل، ولا قيمة لها إلا إذا كان لها نتيجة عملية.

والعلة الذرائعية: هي العلة الأداة لإحداث النتيجة. والمنطق الذرائعي هو الذي يبني أحكامه على التجربة، وإن كان من المسوغ له أن يلجأ إلى الاستدلال، لكنه في كل الأحوال وسيلة العقل لتحصيل المعرفة وإثرائها بالخبرة التي تعدل المعلومات السابقة، وتضيف إليها، وتمنحه في النهاية اليقين وتنقله إلى مرحلة الاعتقاد.

و"الذرائعية": ضرب من ضروب البراغماتية. أهم إسهام فكري أمريكي راج في الربع الأول من القرن العشرين، وتأثر بها الكثيرون في أوربا وغيرها، ومن هؤلاء جورج زيميل وإدموند هوسرل وهنري برغسون. والبراغماتية فلسفة صاغها واخترع اسمها لأول مرة تشارلز بيرس، كمنهج للتفكير أو كنظرية في المعنى، وأعاد وليم جيمس صياغتها نظريةً في الصدق، وطورها جون ديوي وأذاعها نظريةً في القيمة، وفرديناند شيلر مذهباً في الإرادة.

يطلق على براغماتية ديوي الفلسفة الأداتية/ الذرائعية، فقد تأثر بما ذهب إليه بيرس من أن جميع أنواع الفكر ليست إلا حركة تتجه من موقف مثير للشك إلى موقف اعتقادي مستقر، لكنه وصف تفسير بيرس بالجمود، كما تأثر بكتابات جيمس ووصف تفسيره بالذاتية فبدلاً من أن يحض على البحث عن النتيجة الصادقة، دعا إلى البحث عن النتيجة التي ينبغي أن تكون، ووصف الصادق بأنه المفيد. وقد أقام ديوي نوعاً من البراغماتية، أطلق عليه الذرائعية، ووصفها بأنها منهج لاستخلاص النتائج النهائية التي ينبغي للمرء أن ينتهي، إليها لو أخذ بالحسبان كل ظروف المشكلة مثار التفكير. ووصف ديوي الفكر الذرائعي بأنه نوع من التكيف لتحديات البيئة.

والعلة الذرائعية: هي العلة الأداة لإحداث النتيجة، كالقلم الذي يكتب به، وكاليد التي هي أداة التنفيذ للإرادة العاقلة. والمنطق الذرائعي هو الذي يبني أحكامه على التجربة وإن كان من المسوغ له أن يلجأ إلى الاستدلال، لكنه في كل الأحوال وسيلة العقل لتحصيل المعرفة وإثرائها بالخبرة التي تعدل من المعلومات السابقة وتضيف إليها، وتمنحه في النهاية اليقين وتنقله إلى مرحلة الاعتقاد، فالفكر في المذهب الذرائعي ليس سوى أداة أو وسيلة للنجاح في الحياة. وقد احتلت ذرائعية ديوي مكانة بارزة في مجالي التربية والتعليم، إذ يراهما من أهم وسائل الإصلاح الاجتماعي: "ليست التربية الحقة وسيلة للحياة، وإنما هي الحياة نفسها". فهاجم النظرية التربوية التي تجعل من المتعلم إنساناً سلبياً مهمته تلقي المعلومات واختزانها. فهو يرى في التفكير وسيلة أو أداة، أو آلة لحل مشكلات الناس التي يواجهونها في حياتهمالاجتماعية والخاصة، وبمعنى آخر فهو يعد المعرفة آلة أو وظيفة في خدمة مطالب الحياة، والمعرفة التي لا توصل إلى عمل فيه خير للفرد أو للجماعة ليست بشيء.

والعقل نظره عضو من أعضاء الإنسان، شأنه شأن أي عضو آخر ... فهو وسيلة أو أداة وليس غاية في نفسه، تلك هي وظيفة الفكر ووظيفة العقل عند ديوي، وهي وظيفة إيجابية فعّالة، غايتها صلاح الفرد والجماعة وتقدمهما. أما الكليات الشاملة، والحقائق العامة، والمثل العليا التي لا سبيل إلى تحقيقها إضافة إلى "المدن الفاضلة" التي يحلم بها الحالمون من الفلاسفة والأدباء، فليست في نظره من الفلسفة ولا من الثقافة أو العلم بشيء مادامت لا تؤدي إلى نتائج عملية. وما حفّز ديوي إلى انتهاج هذا الطريق، ما هو إلا الرغبة الصادقة في العمل من أجل الرقي بالحياة الاجتماعية وتحقيق الحرية الثقافية بأكمل معانيها وأوسعها في ظل الحرية السياسية، والديمقراطية السليمة، والنظم الاقتصادية التي تتيح للفرد المجال للخلق والابتكار.

إن "فلسفة الأداتية"، كما يسميها ديوي، تصلح للوصول بالإنسان والجماعات إلى مثل هذه الحرية المنشودة، إنها تحارب كل شيء من شأنه الجنوح إلى الركود، أو الجمود، أو النكوص والتراجع، والعراقيل التي تقف في وجه التقدم والتجدد الاجتماعيين، فهي تشجع على إجراء التجارب، وكسب الخبرة والإفادة منها لما فيه خير البشرية، كما تشجع على المغامرة المعقولة في سبيل التقدم والرقي.

والإنسان عند ديوي مخلوق له قيمة، وهي لا تظهر إلا في المواقف التي تتصارع فيها رغباته أو أخلاقياته، وفي المواقف المشكلة تظهر ميوله الحقيقية، ويتبدى الطريق الصحيح الذي عليه أن يتبعه. وهو لا يلجأ لمجموعة قيمه ليحل الإشكال، لكنه يقوم الموقف ويقارن بين مختلف الطرق المتاحة، ويسمي ديوي هذه العملية التقويم. وما يختاره الفرد من غايات أو خيرات بعد تفكير وتمحيص هو خبرات مرغوبة أو معقولة، وينبغي أن يدرب الفرد على تصور أهداف جديدة والسعي إليها، وطالما هناك حياة، ستكون هناك مواقف جديدة دائماً متفجرة

9

الواضح. ويرى المفكر المصري أنه بما أن "ليس من شك في أن أول حجر يوضع في بناء الديموقراطية هو التربية، التي تؤدي إلى ذلك البناء"، كان من الطبيعي للتربية "أن تكون أحد الميادين الأساسية

بالصراع وتتطلب قرارات وأحكاماً وأفعالاً. وبهذا المعنى لا تكتمل أبداً الحياة الخلقية للإنسان، وتتحول الغايات أبداً إلى وسائل لبلوغ أهداف جديدة. ويظهر واضحاً دور العقل، ويعلن ديوي إيمانه بقدرة العقل على تصور المستقبل الذي هو إسقاط لما يتمناه المرء في الحاضر، وعلى اختراع الوسائل لتحقيقه. وهذا الفهم للتقويم يقوم على مفهوم اجتماعي ويفترض مجتمعاً يتشارك أفراده الخبرات، ولهم معاييرهم ووسائلهم المشتركة، ويلعب التقويم الذكي دوره في جعل هذا المجتمع واقعاً مجسماً، وهنا أيضاً يتم اختيار وتوضيح وتعديل المعايير والغايات في ضوء الخبرات المتراكمة للمجتمع.

تعاطف ديوي مع مذهب الواقعية ضد المثالية، واتجهت البراغماتية بتأثيره – وآخرين – إلى أن تكون النظرية التي تقول بأن كل ألوان الخبرة، وضمن ذلك الفكر الفلسفي والنظريات العلمية والعقائد، جميعها لابد أن تفهم في ضوء الغرض الإنساني، فالأفكار أدوات لتحقيق ما يصبو إليه الإنسان من غايات، والحكم عليها يكون بمقدار كفايتها في خدمة هذه الغايات، ومن ثم صارت البراغماتية اسماً للموقف الذي يؤكد أهمية النتائج كاختبار لصلاحية الأفكار.

(الموسوعة العربية العالمية – المجلد التاسع – ص – 625)

10

التي خلق فيها ديوي وابتكر"، هو الذي كان من أوائل كتبه وأهمها: "المدرسة والمجتمع".([7])

"طرح ديوي فلسفة معينة بمسألة الكيفية التي يتوجب أن تعاش وفقها الحياة، وقد جادل بأن معالجة هذه المسألة إنما يتطلب تجسير الهوة الفاصلة بين الأخلاقيات والعلم. أعماله في كل مجالات الفلسفة، حتى دراساته المنطقية التي عني بها في وقت مبكر وآخر متأخر، كُرِّست خصوصاً لضمان الاستمرارية التي تبينها بين الفلسفة وعلم النفس الاجتماعي والبيولوجي. كان منطقه نظرية في البحث، مذهباً عاماً في كيف يقوم الفكر بوظائفه، ليس في شكل مجرد أو صوري محض، بل في أبحاث العلم الناجحة، وفي حل مشاكل الحياة اليومية. تقوم "ذرائعية" ديوي بتعريف البحث بأنه موقف محير غير محدد إلى موقف موحد إلى حد يمكِّن من إقرار مضمون أو فعل مترابط منطقياً، المعرفة موضع البحث،

([7]) دليل أكسفورد للفلسفة – تحرير: تد هوندرتش – مصدر سبق ذكره – المجلد الأول – ص 387.

فيما يؤكد ديوي، متوفرة في مسائل الأخلاق والسياسة، بقدر ما هي متوفرة في مسائل الفيزياء والكيمياء. المطلوب في كل الأحوال تطبيق المنهج العلمي، النهج المصلح لذاته الخاص باختبار تجريبي لفروض استحدثت وحسنت من خبراتنا السابقة. ما يعد "اختباراً" قد يختلف باختلاف "الصعوبة التي تستشعر" والتي هي في حاجة إلى حسم – قد يحدث في الاختبار في معمل كيميائي، أو في بروفة متخيلة لعادات سلوكية متنازعة، في التشريع الذي قد يغير سلوك الحكومة – ولكن ثمة في جميع الأحوال سياق اجتماعي يتوسط حدود كلٍّ من: الاشكالية الابتدائية والحل، ويتم تغييره بدوره من قبل البحث".(8)

وبحسب "دليل أوكسفورد للفلسفة" أيضاً، فإن مذهب ديوي في "القابلية للخطأ الإبستمولوجي والأخلاقي" ارتبط برؤيته التي مفادها أنه "ليس هناك زعم معرفي، أو قاعدة أخلاقية، أو مثل

---

(8) دليل أكسفورد للفلسفة – تحرير: تد هوندرتش – مصدر سبق ذكره – المجلد الأول – ص 388.

يكون يقينياً، محصناً ضد كل أنواع النقد والتعديل"، غير أن "ملاحظة التقدم تتطلب تهذيب العادات الذهنية عند الأفراد، والحفاظ على البنى الاجتماعية، التي تشجع البحث. وهكذا ركز ديوي على طبيعة التعليم وتحسينه عملياً، مجادلاً بأنه يجب علينا ألا نعتبر الأطفال زهريات فارغة، تنتظر بطريقة سلبية أن تُسكَب المعارف فيها، بل يتوجب اعتبارهم مراكز نشطة من الاندفاعات مشكلة من قِبَل بيئتهم، ويقومون أيضاً بتشكيلها. سوف يطورون عاداتٍ من نوعٍ آخر إبان تفاعلهم مع البيئة الاجتماعية والفيزيقية، وإذا أردنا لهذه العادات أن تكون مرنة وذكية، يجب أن نقوم بأفضل ما هو في وسعنا لتشكيل بيئة تسمح بل تحفز على البحث العقلي. هذا نوع البيئة التي رام ديوي عملياً توفيرها في مدرسة المختبر التي أسسها في جامعة شيكاغو".[9]

[9] دليل أكسفورد للفلسفة – تحرير: تد هوندرتش – مصدر سبق ذكره – المجلد الأول – ص 388.

وديوي كان يرى أن لا تربية من دون التقاط المرء، طوال حياته، تلك الخبرة الجمالية التي تشكل وعيه وتعطي تربيته، وبشكل متواصل، زخمها. "وهو من هنا كان يرى في الفن وسيلة تربوية عملية شديدة الأهمية. وهو لئن عبّر عن هذا في معظم كتبه ومحاضراته ودراساته، فإنه كرّس لخبرة الفن واحداً من أهم كتبه، وهو الكتاب المعنون بالتحديد: "الفن كخبرة"، والذي صدر في العام 1933 في نيويورك. والكتاب مؤلف أصلاً من عشر محاضرات ألقاها جون ديوي تباعاً في العام 1931، لتشكل فتحاً جديداً في عالم النظرة إلى الفن، وتحديداً في عالم رسم العلاقة الحقيقية بين الفن والإنسان، من ناحية أن الفن بالنسبة إلى ديوي لا يمكن فصله عن الحياة الاجتماعية اليومية ولا عن التربية، حتى وإن كان الجانب الإبداعي منه نخبوياً صرفاً"، و"في كتابه هذا ... ... يبدو واضحاً أنه إذا كان ديوي يهتم بالمسائل التربوية كتأسيس لعلاقة المواطن بالديموقراطية، فإن التربية بالنسبة إليه، لا يمكن النظر إليها إلا انطلاقاً من معايير اجتماعية تربط المواطن مباشرة بعلم الاجتماع،

ومن ثم علم الجمال بالمواطن وبعلم الاجتماع. بالنسبة إلى ديوي، ليس ثمة مجال في عصرنا — ولم يكن ثمة مجال في العصور السابقة أيضاً — لوجود تصوّر للجميل بوصفه تجلياً معزولاً تماماً عن بقية المفاهيم الإنسانية".(10)

وعند ديوي أن، الإدراك الصحيح لأمر ما "يوجه المدرك إلى تلمس الوسائل والأدوات الممكنة من التعامل الناجع مع ذلك الأمر. إنه يرى، مع جيمس، أن العقل مدفوع بالغريزة إلى غايات مدركة في ذاته، وأن الأفكار وسائله الموصلة لتلك الغايات. بتعبير آخر: الأفكار مطاطة وقابلة للتعديل لصالح غايات مطوية في رؤية العقل".(11)

---

(10) "الفن كخبرة" لجون ديوي: وسيلة لتمكين الناس من الإفلات من عزلتهم — ابراهيم العريس — مصدر سبق ذكره.

(11) البعد الفلسفي في الخبرة الأمريكية — صادق جواد سليمان — 9/ 2/ 2009 — موقع اللجنة العربية لحقوق الإنسان — محاضرة بـ "مركز الحوار العربي" — 8/ 5/ 2002.

مؤلف الكتاب "ليس مجهولاً من جمهور المثقفين في مصر والشرق العربي، إذ نقلت آراؤه في التربية منذ زمن طويل، ..... وترجمت له كتب كثيرة إلى العربية ..... ولم يظفر أحد من الفلاسفة بترجمة هذا العدد من مؤلفاته إلى العربية (فيما عدا أفلاطون وأرسطو وقلة من المحدثين) بترجمة أعماله مثل ديوي.(12) ويعد ديوي من أبرز فلاسفة العصر الحاضر، لا في أمريكا فقط، بل في جميع أنحاء العالم. فهو ولا ريب فيلسوف أمريكا المعبر عن اتجاهاتها العقلية، وهو إلى جانب ذلك وبحكم آرائه كفيسلوف عالمي، أو كما يسميه إروين إدمان: "أحد صناع التراث الأمريكي". وقد اعتبر الباحث موريس كوهين مقالاً عن "**الفلسفة الأمريكية**" قال فيه إن "**أمريكا إذا كان لها أن تصطنع طريقة بعض الدول الأوروبية فتنشيء كرسياً وطنياً للفلسفة، فلن تجد إلا شخصاً واحداً يشغله هو جون ديوي**". وقد كان ديوي "**الممثل الذي تجسدت فيه معظم الأمور التي نعدها أمريكية، ففيه مزيج من البرجماتية التي تؤكد ميزان النتائج العملية،**

---

(12) جون ديوي: سلسلة نوابغ الفكر الغربي – الدكتور أحمد فؤاد الأهواني – دار المعارف – مصر – الطبعة الثالثة – 1987 – ص 9.

والمنهج العلمي، والاختراعات التكنولوجية، والديموقراطية باعتبارها شكلاً للحكومة وطريقة للحياة على حدٍّ سواء"([13])

الكاتب المعروف جورج سانتيانا يصف علاقة ديوي بالبيئة الأمريكية قائلاً: "ما من إنسان غير جون ديوي يستطيع أن يمثل تمثيلاً صادقاً عقلية السواد الأعظم من المواطنين الأمريكيين المغامرين المعروفين بالحماس وحدة المزاج. وقد أقام وحده مذهباً فلسفياً وأصبح قوة علمية مسيطرة ونافذة. وقد ورث ديوي الوجدان البيوريتاني النامي عملياً وديموقراطياً وإيجابياً، وتقبَّل المجتمع الصناعي، والتقنية العلمية، كميدان يمكن أن تصقل فيه الفلسفة الحقيقية وتمتحن".([14])

([13]) جون ديوي: سلسلة نوابغ الفكر الغربي – الدكتور أحمد فؤاد الأهواني – مصدر سبق ذكره – ص 11 – 12.

([14]) فلسفة الخبرة: جون ديوي نموذجاً – الدكتور محمد جديدي – المؤسسة الجامعية للدراسات والنشر والتوزيع – لبنان – 2004 – ص 22.

من قضايا الكتاب

يتناول جون ديوي في الكتاب قضايا كثيرة على جانب كبير من الأهمية، وسنتوقف في هذا التعقيب أمام بعض القضايا بحسب أهميتها ودورها جعل الكتاب أقرب منالاً وأكثر نفعاً للقارئ العربي. فالكتاب في الحقيقة يعالج قضايا تكاد السجالات حولها تكون "**مزمنة**". وهذه

18

القضايا تدور حول عدة قضايا متقاطعة في كثير من الثقافات، وتعد نقطة التقاطع/ الارتكاز بينها جميعاً الفكرة التي صاغها ديوي في تعبير: "**الطبيعة البشرية**" الذي ورد في الكتاب أكثر من مئة مرة.

ولكون القضايا المشار إليها مما تناولته في كتب سابقة نشرتها بين عامي 1998 و2012، فسيجد القاريء بعضاً مما في هذا التعقيب العام مستعاداً من كتاباتي السابقة.

1

فيما يتصل بقضية الديموقراطية (كمَعلَم رئيسٍ من معالم: "**الحرية**")، يقرر هنري تي. ستاين الباحث بمعهد ألفريد أدلر بأمريكا في ورقة بعنوان: "**علم النفس من أجل الديمقراطية**"، أن الديموقراطية شيَّد معمارها خمسة مهندسين هم: سقراط، توماس جيفرسون، فرانك لويد رايت، ابراهام ماسلو، وألفريد أدلر. وهو يرى أن ثمة حل أساسي لإنعاش الديمقراطية هو "**المُثُل الديمقراطية**" التي يجب غرسها داخل الفرد لتنتشر تدريجياً إلى الأسرة والأصدقاء والمدرسة وعالم العمل. وعندما تبدأ بالتحول لممارسة يومية، تعد المواطن للتحديات الأوسع نطاقاً للمسؤولية الاجتماعية. وفي هذا الإطار يجب، أولاً، تدريب الوالدين على تطوير الممارسات الديمقراطية في الأسرة، ما من شأنه أن يعطي الأطفال تجربة للحياة الأسرية الديمقراطية مبكراً. وثانياً، تدريب المعلمين لتطوير الممارسات الديمقراطية في الفصول الدراسية. وفي وقت لاحق، يمتد هذا للجامعات والشركات.

و"**التأسيس النفسي للديموقراطية**" يجب أن يعتمد قيم:

المساواة الاجتماعية

الاحترام المتبادل

التعاون

المسؤولية.

ما يوفر وسيلة لإعادة حيوية الديمقراطية. وكما يرى مارفن بيركاويتز، فإن "من الواضح أن الطابع الأخلاقي جزء من العمل الديمقراطي". وقد حذر فاكلاف هافيل — وهو أديب ومفكر معروف تولى رئاسة تشيكيا (1993 – 3003) — أن مصطلح "الديمقراطية" يثير الريبة في بعض أنحاء العالم، لأنها تفتقر إلى "البعد الروحي الذي يربط بين الثقافات". ومعظم الناس يرون الديمقراطية مجرد ظاهرة سياسية، وهي لا تتوقف عند حدود السياسة: فهي فقط تبدأ هناك. والحكام المستبدون يتخذون موقفاً عدوانياً من أي شيء من شأنه أن يساعد الجمهور على أن "يكبر"، وبالتالي يكون الهدف الأساسي للتعليم هو تعليم الناس الطاعة. والشعب الجاهل هو الأكثر طاعة، وبالتالي تستهدف المدرسة في النظام الاستبدادي أن يتعلم الطلاب الطاعة والهدوء.

ومن المفاهيم الرئيسة في "**علم نفس الديموقراطية**": التلازم بين الحرية والمسؤولية. ويعلق هافل على هذه الفكرة قائلاً: إن "**الديمقراطية هي القصة التي لم تكتمل التطلعات الإنسانية ... فالإنسان يجب أن يكتشف مرة أخرى في نفسه أعمق الشعور بالمسؤولية تجاه العالم**"، ودعوة هافل للإحساس بالمسئولية التي تتجاوز المصلحة الذاتية المباشرة، هي صدى لأفكار ألفريد أدلر حول ضرورة التغلب على الأنانية لتحقيق الصحة النفسية.

والتعليم يمكنه أن يكون واحداً من أكثر المجالات تأثيراً لاسيما في مجالات التربية والتعليم من أجل الديمقراطية. وعلم النفس أيضاً، يقدم فرصة كبيرة لتعزيز الحياة الديمقراطية. بل إن هناك من يرى أنه حتى يكون لدينا طبيب نفسي جيد، فيجب أن يكون "**ديمقراطياً جيداً جداً**". فعلم النفس، بخاصة فيما يتصل بدراسات الشخصية يقوم على أساس المبادئ الديمقراطية. وعليه، فإن "**الطبيب النفسي يجب أن يجعل الديموقراطية حقيقة حية من أجل النجاح في عمله المهني**". ومن المناسب للأطفال والمراهقين، والبالغين، حفز

التفكير النقدي، وتحدي الافتراضات غير الديمقراطية. وهذا النمط أكثر ديمقراطية من التلقين، ويمكن استخدام الحوار النقدي بشكل فعال من قبل المعالجين والمدرسين.

ويعطينا ألفرد أدلر في علم النفس الفردي مجموعة أدوات تربوية وعلاجية فريدة يمكن أن تساهم بتعزيز تنمية الطابع الديمقراطي في الطفل، والشعور الجمعي يوفر العمود الفقري الوجداني والروحي للرؤية المقنعة فكرياً بأهمية الحياة الديمقراطية. فعلم النفس مسؤول اجتماعياً وليس فقط فردياً، عن خلق المجتمع الديمقراطي. ومن الشروط الأساسية لتولي هذه المسؤولية تصحيح أي طابع غير ديمقراطي في أنفسنا. وعلى الأطباء النفسيين التزام كامل بالتغلب على أي نزعات غير ديموقراطية في نمط الحياة. وممارسه يصبح بذلك معالجاً نفسياً، مربياً، ومستشاراً لتحسين المجالات الرئيسة للحياة اليومية، في البيت، المدرسة، وعالم الأعمال. فالأفراد بحاجة إلى تطوير المزيد من البنية الديمقراطية التي تعكس بشكل متطابق في التفكير اليومي، والشعور، والسلوك. العائلات بحاجة لمعرفة كيفية التواصل باحترام، والتعاون من أجل المنفعة المتبادلة ديمقراطياً. والمدارس بحاجة

لتوفير فرص لممارسة الديمقراطية في مجموعات أكبر. وتحتاج الشركات للتحول من: الاستبدادية إلى: الديمقراطية. وقد تكون ثمة حاجة لتنظيم ورش عمل حول "**علم النفس من أجل الديمقراطية**" للأطفال والمراهقين والكبار.([15])

2

([15]) تنمية العلاقات الإنسانية الديموقراطية — تحرير: الجمعية الأمريكية للصحة والتربية والترويح بواشنطون — ترجمة: الدكتور إبراهيم حافظ — مصر — مكتبة الأنجلو المصرية — بالاشتراك مع مؤسسة فرانكلين للطباعة والنشر — أمريكا — 1964.

الكلمة الثانية في عنوان الكتاب: "**الثقافة**" تشكل هي الأخرى مفتاحاً مهماً لأجل "**فهم أفضل**" للكتاب. وربما لم تثر كلمة في تاريخ المعرفة الإنسانية مشكلة في تعريفها كما فعلت كلمة: "**ثقافة**"، وهي، رغم ذلك، من المفاهيم الأساسية لما يسمى اليوم بالعلوم الإنسانية، وأكبر تعميم لقيه هذا المفهوم في القرن العشرين. وكلمة (الثقافة) العربية لا تملك ذات المعني القاموسي الذي تحمله الكلمة اللاتينية (كولتورا). إلا أن المفهوم السياقي للكلمتين، العربية واللاتينية، أصبح منذ أمد غير بعيد، واحداً علي وجه التقريب. ويعني الأصل اللاتيني للكلمة: "**الزرع**"، إلا أن أول من استخدمها بصورة مجازية كان شيشرو الذي سمي الفلسفة: "**ثقافة الروح**".

ومن الواضح أن هذا الفهم المبكر للثقافة، ارتبط بتصور الجهد الداخلي الهادف صياغة التفكير بأسلوب شبيه بالتحولات التي تدخلها يد الإنسان علي الهيكل الطبيعي للعالم الخارجي. وقد شاع استخدام الكلمة عبر قرون طويلة، إلى أن استخدم الفرنسيون مصطلح: "**الحضارة**" أو "**المدنية**"، وقصدوا به كامل المنجزات

الاجتماعية في مجالات التقنية والعلم والفن والأجهزة السياسية. وقبلها كانت تستخدم الصفة: متحضر، متمدن ومعها كلمتا: (بولي) وتعني الصقل، والثانية جاء أصلها من كلمة (بوليس) اللاتينية وهي ذات منحدر يوناني (بوليتييا) أي النظام الاجتماعي المتعارض مع ما أسموه بـ **"شريعة الغاب"** والفوضى المزعومة في العلاقات الاجتماعية بين الأقوام البدائية. ويذكر هذا الأمر، بدوره، بالتعارض الأقدم بين **"الزرع"** و **"الطبيعة"**.

وفي أوربا القرن الثامن عشر، اعتُبرت **"الحضارة"** نقيضاً لـ **"الحالة الطبيعية"** التي تعيش فيها الأقوام الفطرية. وكان يؤخذ بهذا التعارض وفق المعايير الأخلاقية الكنسية، فمرة كان يفسر لصالح الحضارة، وأخرى لصالح الطبيعة، كما في مفاهيم جان جاك روسو. ومن المرجح أن الفضل في إشاعة كلمة الثقافة يعود إلى الشاعر والفيلسوف الألماني يوهان هيردر. ففي مقدمة كتابه: **"أفكار حول فلسفة التاريخ"**، كان متردداً في حسم الطابع الإيجابي للثقافة. وحصل ذلك، وعلى أكبر احتمال، تحت تأثير فلسفة روسو حول

التأثير الانحلالي للفن والعلم علي الإنسان والطبيعة. فقد نظر هيردر إلى الثقافة كأداة تعوّض عن النقص الفيزيقي للإنسان في صراعه من أجل البقاء.

كما نجده يرسم صورة دارونية لكفاح الأنواع ويحدد الشروط التي كان علي الإنسان أن يشق فيها طريق وجوده مستغلا مهاراته. ويري هيردر أن الأسلوب الذي اتبعه الإنسان هو بمنزلة تأريخ ثقافته التي تملك حصة فيها وحتى أكثر الشعوب بدائية. واعتقد هردر أن الآلية الرئيسة للثقافة توجد في التقاليد المعتمدة علي تحديد نماذج السلوك. وبهذا مهّد الطريق لعلم الاجتماع المعاصر القائل بأن الإنسان "**يتأنسن**" (أي يكتسب إنسانيته) من خلال التربية. وقد وصف المؤرخ الألماني غوستاف كليم الثقافة بأنها: "**مجموعة الظواهر التي نلمسها في العادات والمعتقدات والأشكال النظامية**". وكانت كلمة "**الثقافة**" شائعة في الأدب الإنجليزي رغم تعدُّد التفاسير.

ويرى ماثيو أرنولد أنها: "**كل ما يكون الأفضل**"، أي أنها "**وسيلة**" للأفضل. ويعد كتاب الباحثين الأمريكيين كريبير وكلوك

حول مفاهيم الثقافة وتعاريفها من أفضل المؤلفات في هذا الحقل. ووفق هذين المؤلفين هناك ستة أبعاد تبرزها شتي التعاريف وهي: الوصفي، والتأريخي، والسيكولوجي، والبنيوي، والمعياري، والتكويني.

أما الوصفي فمثاله تعريفا إدوارد تايلور:

أولهما: أن "**الثقافة أو الحضارة هي كلٌّ مركَّب يشمل المعرفة والمعتقدات والفن والأخلاق والقوانين والأعراف كذلك القدرات الأخرى والعادات المستحكمة لدى الناس كأعضاء في المجتمع**".

الثاني، أن الثقافة: "**ذلك الكل المركَّب المعقَّد الذي يشمل المعتقدات والمعلومات والفن والأخلاق والعرف والتقاليد والعادات وجميع القدرات الأخرى التي يستطيع الإنسان أن يكتسبها بوصفه عضواً في مجتمع**".

أما التعريف التأريخي فيؤكد عامل التقاليد كمشرّع للثقافة التي تصبح، هنا، "**إرثاً وحصيلة**".

وفي التعريف المعياري تكون القواعد هي الخاصية الأساسية للسلوك الثقافي، إضافة إلى ما يسمى: وحدة أسلوب الحياة المميّز لهذه الثقافة عن تلك.

أما التعريف السيكولوجي فيراعي الآليات النفسية الناشطة عند تشكيل الثقافة، أي عملية التعلم ونشوء العادات. وبين التعاريف السيكولوجية هناك التي تصف الثقافة كجهاز مكيّف (بكسر الياء).

أما التعاريف البنيوية، فتتميز بالتركيز علي الطابع الكلي للثقافات وترابطاتها الداخلية.

فهذه التعاريف تتكلم عن ثقافة معيّنة أو ثقافات مختلفة وليس عن الثقافة عامة. وما يميّز التعاريف التكوينية تأكيدها إيضاح أصل الثقافة ومنحدرها وقضية تعارضها مع الطبيعة، وطابعها كنتاج للتعايش الاجتماعي. فتايلور وجد أن جوهر الثقافة يكمن، رغم كل شيء، في الأصل الاجتماعي للعادات والأعراف. ويري عالم الأنثروبولوجيا الأمريكي الكبير رالف لينتن أن الثقافة تشمل طائفتين أساسيتين من الظواهر هما:

29

1 – السلوك البشري.

2 – الأشياء التي تعتبر نتاجا له.

فنطاق الثقافة لا يشمل جميع أنواع السلوك، بل تلك التي صارت عادة اجتماعية، أي السلوك الذي يتميز بالانتظام ومصدره عملية التعلم المميّزة للجنس البشري التي تعتبر إحدى الآليات الرئيسة لنشوء الثقافة وبقائها وتطورها. فالثقافة هي في قابلية التعلم وتخطِّي التجربة الشخصية. ووفق التعاريف المذكورة وغيرها يكون الإنسان قد تعلَّم جميع الأنشطة الثقافية، أي أن السلوك الغرائزي خارج نطاقها. ومن الطبيعي أن ليس كل ما يتعلمه الإنسان يعتبر نشاطاً ثقافياً. فقابلية التعلم مشتركة، وعلي نطاق كبير، بين الإنسان وكائنات أخرى. إلا أن التعلم لدي الحيوان يبقى تجربة مستقلة لا علاقة لها بالتجارب السابقة والمقبلة علي السواء. فقابلية التعلم وتخطي التجربة الشخصية جعلتا الإنسان "**خالقاً**" للثقافة، ومتكيفاً لشروط الحياة فيها.

ولا يمكن، بالطبع، تجاهل حقيقة أن الثقافة هي واقع خارجي ذو تأثير طاغ علي الإنسان. وأكثر تعريفات الثقافة انتشار

التعريف الذي حدد صيغته النهائية رالف لينتن ويعتمد علي التفرقة بين الثقافة الفعلية والأخرى "**التجريدية**"، وهو يقول إن الثقافة "**نظام التصرفات المكتسبة ونتائج الأخرى التي تكون عناصرها الأساسية مشتركة لدي أعضاء المجتمع والمطروحة في نطاقه**".

ولا يستطيع أي مجتمع أن يتقدم ويزدهر حتى يعرف المكوِّنات الثقافية التي تتحكَّم به، وتُنَمِّط تفكيره، وتحدِّد اهتماماته، وتوجِّه نشاطه، فالثقافة، بهذا المعنى، أسلوب أو طريقة الحياة التي يعيشها أي مجتمع، بما تعنيه من تقاليد وعادات وأعراف وتاريخ وعقائد وقيم واهتمامات واتجاهات عقلية وعاطفية، وتعاطف أو تنافر، ومواقف من الماضي والحاضر، ورؤى للمستقبل، وهي طريقة تفكير وأنماط سلوك ونُظُم ومؤسسات اجتماعية وسياسية وما يعيشه المجتمع من انفتاح أو انغلاق.

فالثقافة، بهذا المحتوى، هي في الغالب لا تأتي قصداً من الأفراد، وإنما يكتسبها الناس امتصاصاً من البيئة منذ ولادتهم، وإذا اكتسبوها بالقصد فإن قصْدهم يكون محدَّداً بالبرمجة من الأهل

والمجتمع، فهم يتشرَّبون ثقافة أهلهم ومجتمعهم مثلما يتشرَّبون اللغة الأم ويحكمون على كل شيء وفق المعايير السائدة التي امتصوها امتصاصاً تلقائياً، وامتزجت بعقولهم ووجدانهم.. فهي تحركهم بمخزون اللاشعور، لكنهم يتوهمون أنهم يفعلون ذلك بمحض اختيارهم وفيض إرادتهم ويجهلون أن مصدر هذه الثقة هو البرمجة الراسخة فيظلون مأخوذين بما تبرمجوا عليه ولا يخطر على بالهم أن يرتابوا فيه أو يراجعوه، ومن هنا تمايزت أوضاع المجتمعات.

وتنوُّع الثقافات هو الذي يحدِّد تنوع المجتمعات، فإليه تعود الاختلافات الكثيرة والكبيرة في الأحوال والأوضاع وطُرق التفكير وأنماط السلوك، كما أن التنوع الثقافي هو الذي يحدِّد المستويات الحضارية للمجتمعات، وهو السبب في هذا التفاوت الشاسع في درجات التخلف أو التقدم، ومع كل هذا التعقيد الشديد لمفهوم الثقافة، فإن أكثر القراء يتوهمون أن "**الثقافة**" مفهوم شديد الوضوح، جَرْياً على ما اعتادوا عليه في "**الحس العام**"، وهو حسٌّ مبنيٌّ في الغالب على ثقافة المشافهة، وليس مبنياً على المعرفة العلمية الممحَّصة، فيبقون واثقين من صحة فهمهم، ويظلون واهمين بأن

المفهوم لا يحتاج إلى بحث ولا تعريف. ولقد بلغت كثافة مفهوم الثقافة وتعقيدات مضمونه وتعدُّد عناصره وتنوُّع محتواه واختلاف موصوفه وتباين درجات مدلوله أن فرعاً علمياً بأكمله تستغرقه محاولة تعريف هذا المفهوم المحوري وتحديد دلالاته وإبراز نتائجه وتتبُّع آثاره.

وبسبب هذه الأبعاد الدلالية الزاخرة بات يتردد في الكتابات أن له أكثر من مائة تعريف، إمعاناً في تأكيد غموضه والتباسه، ولم تقتصر محاولات جلاء هذا الكائن الكُلّي المركَّب على علماء الأنثربولوجيا الثقافية وعلم الاجتماع بتفريعاته المتعدِّدة، وإنما واجهت المفكرين في كل مكان معضلةُ عجز كثير من المجتمعات عن التفاهم أو عدم قدرتها على الإفلات من قبضة التخلف، وكانت هذه المعضلة حافزاً للمفكرين للتعرُّف على محفّزات النمو ومعوِّقاته فاحتلَّ مفهوم الثقافة بؤرة الاهتمام وبات قاسماً مشتركاً بين المعنيين بالإصلاح والمهتمين بالتنمية والمشتغلين بالفكر.

ولقد امتد الاهتمام بالتباينات الثقافية إلى فروع معرفية واسعة ومتنوعة وشارك مثقفون كثيرون من كل الثقافات في محاولات شرح

هذا المفهوم وتقريب مدلولاته وتأكيد أهمية المعرفة الفردية الراقية داخل الثقافة الواحدة لأن التكامل بين إبداع القلة واستجابة الأغلبية من أهم عوامل الازدهار.

لكن هذا التفاعل كان دائما سلاحاً ذا حدين إذا كان بالإمكان ــ في حالات كثيرة ــ بناء عليه أن تتحكم القلة المبدعة في الأغلبية، وقد أدت الدراسات على هذا التأثير إلى اكتشاف الفعل الحاسم للثقافة السائدة في أي مجتمع، وكونها تتحكّم بعقول وعواطف وأوضاع المجتمعات وتعمل على استمرار هذه الأوضاع. إن مفهوم الثقافة إطارٌ عام جامع وتتحرك داخل هذا الإطار الواسع كل الثقافات الإنسانية في دوائر أو أُطُر متمايزة ذات تنوعات شاسعة ومستويات حضارية متباينة، وتقوم بينها أحياناً حواجز وعوائق يصعب تجاوزها أو اختراقها أو النفاذ منها.

والثقافات تتنوع بشدة، فبعضها ذو أُطُر أو دوائر مغلقة لا تتفاعل مع الدوائر أو الأُطُر الأخرى، وبعضها فضاءات مفتوحة، تأخذ وتعطي إنها تتغذى من الثقافات وتغذيها. والثقافات عوالم

متمايزة تشكَّلَتْ بظروف تاريخية وسياسية واجتماعية وطبيعية مختلفة، وتكوَّنت بفعل مؤثرات كثيرة ومتنوعة فجاءت هي بهذا الاختلاف والتنوع. ورغم أن الفلاسفة قد أدركوا منذ العصر اليوناني أن لكل مجتمع ثقافة يتشكل بها عقله تختلف عن ثقافات المجتمعات الأخرى، وأن الاختلافات الشديدة الملحوظة بين المجتمعات تعود إلى هذا التنوع الثقافي.

فالثقافة إذن أكبر من الأفراد وهي نتاج الاجتماع الإنساني، والإنسان يكتسبها ويتطبَّع بها دون اختياره، فهي تسيِّره وتُحدِّد ماهيته وترسم نمط تفكيره وتبني نماذج سلوكه وتصنع مسارات اهتماماته وترتِّب منظومة قيمه، فهو يكتسبها امتصاصاً تلقائياً بوصفه عضواً في مجتمع، وليس بتخطيط منه سواء كان أمياً أم متعلماً، أما ما يفعله عن قصد بعد بلوغه الرشد، فيأتي — غالباً — تأكيداً لما كان قد تَشَكَّل به في طفولته، فنمو المعرفة يشبه نمو الشجرة. إن النمو في النبات يكون امتداداً للبراعم الأولى، وكذلك الإنسان يتشكل عقله في الطفولة، أما ما يأتي بعد ذلك من أفكار ومعارف ومعلومات فيتحوَّر ويتكيَّف ليبقى امتداداً للتَّشَكُّل الأول، أو يظل طلاءً خارجياً

غير ممتزج بالبنية الذهنية، فلا مكان في العقل ولا في الوجدان لما ليس امتداداً لما هو مغروسٌ في الطفولة، إلا في حالات استثنائية نادرة حين يكون الفرد قادراً على استقلال التفكير والنهوض بعبء المراجعة والتدارك والتصحيح وإعادة بناء الذات.

إن قابليات الأفراد غير المحدَّدة عند الولادة تتحدَّد بالبيئات التي ينشأون بها، فيكتسبون تلقائياً بهذه التنشئة المتمايزة: لغات مختلفة، وطرق تفكير مختلفة، وعادات مختلفة، واهتمامات مختلفة، وقيماً مختلفة، وانتماءات مختلفة، وأنماط سلوك مختلفة، وأخلاقاً مختلفة، وتقاليد مختلفة، لكنهم يغفلون عن كل هذه الاختلافات — باستثناء إدراك الاختلاف اللغوي — فهم يدركونه بداهةً، لأنه اختلافٌ صارخ ولا يتطلب أي استقصاء، فيدركه الأميون مثلما يدركه المتعلمون، لكنهم — غالباً — لا يدركون أن كل عناصر الشخصية الفردية الفكرية والسلوكية تتطبَّع بهذه الاختلافات الثقافية. إن اكتشاف ظواهر التمايز الثقافي الأخرى يحتاج إلى الاستقصاء حول أسباب وفواعل هذا التمايز.

والثقافة هي ذلك الكائن المعقَّد العجيب الذي لا نراه لكنه يغمرنا كل الوقت، بل يسري فينا مسرى الحياة، ويحدِّد طبيعتنا بعد أن كانت مجرد قابلية. إن الفرد لا يذكر كيف تعلَّم لغة أهله وقومه، فهو حين يكبر يجد نفسه يتكلم بهذه اللغة أو تلك، ومثل ذلك يقال عن كل العناصر الثقافية التي شكَّلته، فيها يعتقد، وبها يفكّر، وبها يحب ويكره، وبها يوالي ويعادي. إن الثقافة التي تخلَّق بها وعيه هي التي تصوغه وتتحكَّم بعقله وتوجِّه وجدانه، فهو نتاجها واكتسب منها طبيعته الثانية إنه متطبِّع بثقافة أهله وقومه وهو لا يتذكَّر كيف صاغته فجعلته منتمياً إليها وذائباً فيها ومغتبطاً بهذا الانتماء والذوبان.

3

القضية الثالثة هي محور الكتاب نواته "**الصلبة**"، وهو الاختلاف التاريخي/ المعرفي الذي انقسم الغرب بسببه إلى تشكيلين حضاريين كبيرين:

- التشكيل الحضاري الأوروبي الذي تأسس على مُثُل "فلسفة الأنوار" الأوروبية، وفي "تراثه الفلسفي المؤسِّس" رؤية معرفية "مادية" للكون والإنسان. وبالتالي، كان لديه تصوُّر للعلاقة بين "الدين"

و"الشأن العام" تقوم على الفصل الصارم. ويشمل هذا التشكيل اليابس القاري الأوروبي كله تقريباً (مع الإقرار بوجود خصوصيات ثقافية عديدة تحت مظلته).

- التشكيل الإنجلوسكسوني البروتستنتي الذي تأسس على حزمة أدبيات تشكل معاً رؤية فضفاضة ترفض الفصل التام بين "الدين" و"الشأن العام". وتبدأ ملامحها من" "العهد الأعظم" (الماجنا كارتا) وتمتد لتشمل الأدبيات الرئيسة في مسيرة تأسيس الولايات المتحدة الأمريكية. ويشمل هذا التشكيل: الولايات المتحدة الأمريكية وبريطانيا واستراليا ونيوزيلندا، وجزئياً: كندا وهولندا. (مع الإقرار بوجود خصوصيات ثقافية عديدة تحت مظلته).

وينطلق ديوي في كتابه من الإقرار بأن ثمة شيئ يتجاوز الوجود الإنساني "المادي" يترتب على الإقرار بوجوده الإقرار بأن

الطريقة التي ينظم بها الإنسان حياته (وبخاصة في فضاء الشأن العام) لا يخضع لـ **"الإرادة"** لا الفردية ولا الجماعية، ولا يمكن تأسيسه على تصورات فلسفية تنكر هذا الأصل المتجاوز للمادة.

ومن هنا يتحدث ديوي عن: **"مذهب الحقوق الطبيعية"** وخلاصته وجود قانون طبيعي للحقوق والحريات العامة، ينبع من طبيعة الإنسان. وهذا القانون يسبق الجماعة ويسمو على الدولة، فالطبيعة خلقت الأفراد متساوين وأحراراً، وإذا كان إحساس الأفراد بالضعف أمام الطبيعة، قد ولد فيهم غريزة الحياة الجماعية، فإنهم لم ينزلوا على مقتضى هذا الإحساس إلا رغبة في توكيد حقوقهم وصيانة حرياتهم الطبيعية، ومن ثم لزم أن يهدف النظام الجماعي وقوانينه إلى التسليم بهذه الحقوق والحريات.

ويشكل **"الإعلان العالمي لحقوق الإنسان"** (1948) أول إعلان له الصفة العالمية، يستهدف بناء مشترك عام عابر للثقافات والحضارات، يعزز مقولة: **"الحقوق الطبيعية"**، وفي مرحلة تالية تمثل: **"العولمة"** مسعى لفرض معايير للسلوك الدولي، وقيود على سلطة

الدولة على مواطنيها، بحيث لا تطغى "**حقوق السيادة**" على الحقوق الطبيعية للإنسان. ويصدر جانب كبير من الهجوم على العولمة من رفض نخب ثقافية وسياسية يسارية (ماركسية وقومية)، في دول الجنوب، أن تعترف بـ "**الحقوق الطبيعية للإنسان**"، وهي من ثم ترفع شعار الدفاع عن: "**الهويات الوطنية**"، وهي في الحقيقة تدافع عن استبداد الدولة المركزية وحقوقها المطلقة حتى في قمع مواطنيها. وهم لا يرفضون الأساس الأخلاقي الذي تدعو إليه العولمة، بل يرفض هؤلاء تأسيس السياسة على أي أساس أخلاقي أياً كان.

4

تكشف الدراسات في العلوم الإنسانية الحديثة أن كل الرؤى الأيديولوجية الكبرى في العصر الحديث (التنوير الأوروبي — الماركسية — الرأسمالية — النازية — التمركز حول الأنثى — .. .. ..) جميعها تنطلق من مفهوم لما يسمى: **"الحالة الطبيعية للإنسان"**. وهذا المفهوم ينبني على أفكار مسبقة لا تقبل البرهنة عليها، فهناك من يرى الحالة الطبيعية للإنسان جماعية، وهناك من يراها فردية، وهناك الفيلسوف الانجليزي توماس هوبز الذي يعتبر الإنسان بالضرورة **"ذئباً لأخيه الإنسان"**، وأن الحياة البشرية هي — بالضرورة — **"حرب**

الكل ضد الكل"، أما الفيلسوف باروخ سبينوزا، مثلاً، فنفى وجود الشر نهائياً.. .. .. وهكذا.

ومن المفارقات أن هذه النظريات التي قام معظمها على إنكار الصلة بين الدين والحياة الإنسانية عموما أخذوا مفهوم "**الفطرة**" من الأديان وأقاموا مناهجهم الفكرية بشكل مماثل تماما لـ "**بنية**" الدين، فهناك: غيبيات وشرائع ومنظومة قيم. وفي الإسلام فإن الفطرة الإنسانية هي من الله: "**فطرة الله التي فطر الناس عليها**" (سورة الروم: 30)، والنفس الإنسانية بحسب المفهوم الإسلامي للفطرة ألهمها الله دواعي الفجور والتقوى: "**ونفس وما سواها فألهمها فجورها وتقواها**" (سورة الشمس: 7 – 8).

من ناحية أخرى هناك "**سنن كونية**"، قال تعالى: "**يريد الله ليبين لكم ويهديكم سنن الذين من قبلكم**"(سورة النساء: 26)، وهي إشارة إلى وجود سنن إنسانية مضطردة في البشرية، وهو سبحانه وتعالى جعل معرفة هذه السنن "**هداية**". والذي يلفت إليه ديوي باستنتاجه الذكي عن قوة الطبيعة المكتسبة يفسر دور الثقافة السائدة

في العالم الثالث في تغييب قيم كالديموقراطية والابتكار، بحيث يصبح تفسيرها بـ "**الخصوصيات الثقافية**" تغييباً لحقيقة الفطرة الإنسانية، ما يجعل التفسير المغلوط يتحول إلى تبرير. فالثقافة عندما تلقن أبناءها قيما خاطئة تكون أقوى تأثيراً من الفطرة.

ومع بزوغ فجر "**الأيديولوجيات**"، بظهور فكر التنوير الأوروبي، ظهرت للمرة الأولى رؤى كونية للإنسان (الفرد والمجتمع)، والكون، وما وراء الكون، تستند إلى مفاهيم للفطرة لا تعتمد على المصدر الديني للمعرفة. وفي كتابه "**إميل أو التربية**" ينطلق المفكر التنويري الفرنسي جان جاك روسو من حتمية تاريخية، ومعظم طروحات الكتاب التي كانت حين ظهوره جديدة وثورية في ميدانها، وأهمها نظرته إلى الإنسان وعلاقة التربية بالمجتمع.

يرى روسو أن الإنسان يولد طيباً بطبيعته، لكن ظروف المجتمع هي التي، مرحلة ما بعد مرحلة، تمارس أثرها السيء عليه، ما يفقده بالتدريج طيبته. ومن هنا، أولى روسو أهمية كبيرة لدور التربية في الوصول لعمل تأهيلي منظم يبقي الإنسان مع مراحل تطوره،

طيباً، حتى يكون في مرحلة تالية إنساناً صالحاً في المجتمع. والتربية الطبيعية، بالنسبة إلى روسو، **"ليست هي تلك التي تتأسس على قواعد المجتمع والتقاليد المدرسية، بل تلك التي يكون عمادها معرفة طبيعة الإنسان الفطرية والاشتغال عليها".**

وهذا **"ما يفرض القيام بدراسة صارمة ودقيقة لطبيعة الطفل قبل الإقدام على تربيته".** وتقوم المسألة بعد ذلك على **"جعل الطفل يسلك درب الحقيقة ما إن يبدو قادراً على التعرف إليها، ومن ثم يسلك درب الخير ما أن يصبح قادراً على ذلك مدركاً المعنى الحقيقي للخير".**

والحال أن روسو، إذ يرسم هاتين الغايتين الرئيستين اللتين تتأسسان على مفهومي **"الحقيقة"** و**"الخير"**، يحدد دورة تربوية كاملة يقسمها إلى أربع مراحل، تتميز كل منها بخصائصها في ارتباطها بوتيرة تطور إدراك المربّي للحقيقة والخير.

5

قول جون ديوي إن: **"الانفعالات والخيال أقوى أثرًا من**
المعلومات ومن العقل في تشكيل الرأي العام وتكوين عواطف
الناس وميولهم"، استنتاج شديد الأهمية. فمن المشكلات التي ترتبت
على النظر إلى الفن من منظور علماني: جعله نسقاً مغلقاً لا يقبل
محاكمته، لا بناء على معايير شرعية، ولا أخلاقية، ولا اجتماعية، وقد
ترتب على ذلك أن أحجم المتخصصون في الدراسات الاجتماعية
والإنسانية في العالم العربي — إلا قليلاً — عن القيام بدراسات عن
تأثيرات الفن في المتلقين سواء كانت هذه التأثيرات فردية أم جماعية،

46

دينية أم أخلاقية أم سياسية، خوفاً من الاتهام بمعاداة الفن والانغلاق والتطرف الديني والرجعية و......

وحدث هذا رغم تأثيره المتصاعد، ورغم أن الفن هو في النهاية **"منتج"** ينتج في مجتمع ويستهلك في هذا المجتمع تاركاً في المتلقين — أفراداً وجماعات — آثاراً ليست بالضرورة إيجابية. ولأن القول بأن الفن متصل أو منفصل عن المجتمع الذي يعيش فيه الفنان وفيه ينشر فنه يتوقف أولا على تعريف الفن، فيجب التعرف على حقيقة الفن وتعريفه أولاً.

وتعتري تعريف الفن مشكلة جعلته يستعصي على التعريف بمعناه التقليدي **"الجامع المانع"**. ففي **"المعجم الوسيط"**: نجد عدة تعريفات للفن فهو: **"التطبيق العملي للنظريات العلمية بالوسائل التي تحققها، ويكتسب بالمران والدراسة"**، و**"جملة الوسائل التي يستخدمها الإنسان لإثارة المشاعر والعواطف وبخاصة عاطفة الجمال، كالتصوير والموسيقى والشعر"**، و**"ومهارة يحكمها الذوق والمواهب"**.

47

وقد تتسع دائرة الفن لتشمل كل ما ليس علماً، أي كل ما استبعده العلم من دائرته، فإذا عرفنا أن باحثاً أمريكياً معاصراً أحصى حوالي مائة فن من الفنون البصرية والسمعية أمكننا أن ندرك إلى أي حد اتسعت دائرة المفهوم حتى العصر الحديث. والكلمة في أصليها اليوناني واللاتيني لم تكن تعني سوى: "**النشاط الصناعي النافع بصفة عامة**"، غير أن أرسطو ميز بين "**الفن**" و"**المعارف العملية**".

وإذا حاولنا تتبع رحلة العقل الفلسفي اليوناني مع الموسيقى بوصفها أحد أقدم الفنون وجدنا أن فيثاغورث منشئ "**العلم الموسيقي**" عند اليونان كان هو نفسه مؤلف فرقة دينية/ فلسفية ذات تعاليم سرية. وهناك أدلة قوية تبعث على الاعتقاد بأنه سافر إلى مصر وعاد منها إلى اليونان ناقلاً إليها بعض النظريات البسيطة في علم الصوت ومنها أن الموسيقى البشرية الفانية إن هي إلا أنموذج أرضي للانسجام العلوي بين الأفلاك، أما الفيثاغوريون المتأخرون، فاعتقدوا أن السماوات تنبعث منها موسيقى بالفعل. ولم ينفرد الفيثاغوريون بمقولة الأصل السماوي للموسيقى، فقد روى أرسطو في الساعات

الأخيرة من حياته حلماً سجله أفلاطون في: **"محاورة فيدون"** رأى فيه أرسطو أن الوحي أتاه ليأمره بتأليف الموسيقى، ويعني هذا الحلم ضمناً، أن للموسيقى قدرة تفوق العلم على تقريبنا من الحقيقة النهائية، وقد نقل عنه قوله: **"بعض الناس يغيبون في حالة تشنج ديني، فإذا استخدم هؤلاء من الألحان المقدسة ما يثير في النفوس حالة من الوجد الصوفي فإنهم يبرأون"**.

وفي الأدب اليوناني إشارات إلى حالات كان الكهنة يجمعون فيها النساء ذوات العقول المضطربة في المعبد للعلاج بالموسيقى، حيث يرقصن على موسيقى صاخبة حتى يسقطن في غيبوبة وعندما يفقن يكن قد شفين شفاء نهائياً أو مؤقتاً. وحسب هيرودوت فإن المصريين كانوا يعتقدون أن لألحانهم الدينية أصلاً مقدساً، ولذا كانوا شديدي الحرص على حمايتها من أي تغيير أو مؤثر أجنبي، كما أنه امتدح قدرتهم على خلق ألحان يمكنها قهر الانفعالات الغريزية في الإنسان وتنقية الروح.

وفي العصور الوسطى المسيحية بقيت الكلمة تشير إلى الحرفة أو الصناعة وأصبحت تنطبق على طيف واسع من النشاطات الإنسانية ضمنها: النحو والمنطق والسحر والتنجيم. . . . وفي: "**معجم لالاند الفلسفي**" نجد أن البعد الجمالي يصبح أكثر وضوحاً، حيث الفن "**كل إنتاج للجمال يتحقق في أعمال يقوم بها موجود واع أو متصف بالشعور**".

فالفن إذا تجربة "**شبه دينية**" شخصية وجدانية تتم خارج نطاق الحواس فلا تقيدها قيود الواقع ولا المنطق. بل إن الدكتور زكريا إبراهيم يعتبر الفن "**قوة روحية**" خلاقة توجد من العدم مخلوقات لا مادية كالموسيقى والشعر وموجودات مرئية كالنقوش والرسوم، أما تلك المخلوقات التي يبدعونها فهي كائنات عجيبة يجمع بينها كلمة "**الفن**". وبعض مدارس علم النفس الحديث ترى في الفنان مخلوقاً "**غير عادي**"، فحسب كارل يونج فإن الفنان ليس مخلوقاً عادياً، يبدع أعماله عن قصد وتفكير وروية، بل هو مجرد أداة في يد "**قوة عليا**" لا شعورية، ويتسم مفهوم يونج على مستوى البنية بروح قدرية

تعد هي الأخرى ملمحاً من ملامح التشابه بين الفن والتصوف، فالعمل الفني يصنع الفنان وليس العكس ومن العبث مطالبة الفنان بتفسير عمله وهو أقرب إلى الحلم لا بد أن يظل غامضاً ملتبساً.

والفن عند هنري برجسون "**عين ميتافيزيقية**"، والفنان قادر عبر الإدراك المباشر على النفاذ إلى "**باطن الحياة**"، وعين الفنان تملك مقدرة صوفية هائلة على الاتحاد مع موضوعها، وهو في النهاية حدس يستولي على الذات العارفة فيجعلها تتطابق مع موضوع معرفتها على نحو شبه صوفي. وفي فلسفة شوبنهور يصل الأمر إلى نوع من المطابقة بين المتصوف والفنان، فالفنان هو الذات العارفة الخالصة المتحررة من الإرادة وأسر الجسد وعبودية الأهواء، فهو لا يعود يعيش إلا بوصفه مرآة لموضوعه، بعد أن فَقَدَ ذاته واستحال ذاتا عارفة خالصة عارية من الإرادة. وفي نهاية معمار فكرته اعتبر شوبنهور أن الفن "**أداة للمعرفة والعرفان**"، وتحتل الموسيقى مكاناً خاصاً في مفهوم شوبنهور للفن، حد أنه يعتبر أن "**السيمفونية السديدة قد تكون نسخة ميتافيزيقة كاملة للوجود**".

وخلف هذه الرؤية حقيقة أبعد ما تكون عن السمو الذي يبدو في اللغة التي استخدمها الفلاسفة والمفكرون في الحديث عن الفن، هي أنه — وبخاصة في العصر الحديث أصبح **"حارساً للاستبداد"**، ولا يكاد يوجد نظام ديكتاتوري في العصر الحديث — بدءًا من الفاشية الإيطالية التي كانت أول من استخدم السينما للتضليل السياسي بشكل منظم — إلا واستخدم الفن لتحقيق أهداف سياسية في مقدمتها الحفاظ على استمرار بقائه.

وعليه، فإن المشابهة بين الفن والدين حقيقة مثيرة ونتائجها في الواقع الثقافي والسياسي لبلادنا أكبر، فقد تحول الفن بالفعل إلى منافس للدين على الوجدان الفردي والجماعي وهو باب واسع يحتاج أن يضعه المتخصصون في العلوم الإنسانية والاجتماعية على جدول أولوياتهم كمعطى **"موضوعي"** لا كظاهرة لا تقبل التقييم ولا التقويم دون الخضوع لحملات الترهيب العلمانية التي تجعل كل مطالبة بالتقييم والتقويم هدف حملات تحريضية لا تتفق لا مع قواعد **"حرية البحث العلمي"** ولا الحوار الثقافي أو المجتمعي.

6

يتأسس "**الاستبداد الجماعي**" – دائماً – على فكرة خاطئة بشكل بيِّن هي: أسبقية "**الجماعة**" على "**الفرد**". فالفرد بالضرورة سابق على الجماعة، كما قررت الكتب السماوية التي عرفنا منها بأن الجنس البشري من نسل "**فرد**" خلقه الله بيديه هو "**آدم**". كما أن القرآن – الكتاب السماوي الأخير – يؤكد أن الفردية أساس للمحاسبة يوم القيامة في آيات عديدة منها:

* "**وكلهم آتيه يوم القيامة فرداً**". (سورة مريم: 95).

* "ولقد جئتمونا فرادى كما خلقناكم أول مرة". (سورة الأنعام: 94).

* "ولا تكسب كل نفسٍ إلا عليها ولا تزر وازرة وزر أخرى". (سورة الأنعام: 164).

وأصحاب "**النظرة الجماعية**" يرون أن الجماعة هي الوحدة الأساسية للحقيقة، وهي القيمة المطلقة وعليه فإن هوية الفرد تقررها الجماعة والجماعة هي الوسيط الذي من خلاله يتعامل الفرد مع الآخرين، وبالتالي فإن شخصية الفرد تذوب في الجماعة، ويصبح الفرد كالآلة التي تحركها الجماعة متى شاءت. كما أن أصحاب النظرة الجماعية يرون أن الإنجاز هو نتاج المجتمع. ووفقا لهذا التصور الخاطئ يتوقف دور الفرد على التعبير الضمني عن عملية التقدم الجماعية. في المقابل يرى أصحاب النظرة الفردية أن الشخص هو وحدة الإنجاز، فالإنجاز عندهم هو شيء جديد يحققه الفرد ويتجاوز به ما تم تحقيقه، والفرد عندهم هو المعيار الحقيقي، وهو القيمة المطلقة، وما

المجتمعات إلا عبارة عن مجموعة من الأشخاص مع اعترافهم باعتماد نجاح الفرد على نجاح الآخرين.

و**"الفردية"** لا تعني (العزلة) ولا تعني أن يسعى الإنسان في الحياة بعيداً عن الجماعة التي من حوله، بل إن معنى الفردية أن الفرد هو العنصر الأساس والفعال والمكون للمجتمع، وهو منبع الإبداع والتطور، لأن المجتمع عبارة عن مجموعة من الأفراد، فإذا استشعر كل فرد من أولئك الأفراد مسؤولياتهم وكانوا مضطلعين بها، تحقق للمجتمع ما يريده أصحاب النظرة الجماعية من إنجاز عام وشامل وتحققت الفردية الحميدة المطلوبة، لأنه لا يتصور وجود مجتمع ناجح مكون من أفراد فاشلين أو غير قادرين على تحمل مسؤولياتهم.

ومعنى كون الفرد مسؤولاً يعني أن يختار بوعي وحذر، ويتحمل نتيجة تلك المسؤولية بكل تبعاتها، وما يترتب عليها، ولدى الفرد حاجة إلى الانضمام إلى الجماعة بمعنى الأمة (الجماعة المطلقة) وإلى الجماعة بمعنى الفئة المحصورة العدد (مطلق جماعة)، وفق اختصاص معين أو منهجية معينة بانتماء فقهي أو عقدي أو أي

اختصاص في أي مجال. كما أثبت الإسلام أحكاماً على الفرد وعلى المجتمع، فخاطب الفرد في جانب التعبد وجانب الأحكام (أهلية الأداء وأهلية الوجوب)، وربطه بالمجتمع في جانب التعبد (الصلوات الخمس في الجماعة والأعياد) إضافة إلى جملة من الأحكام في الزكاة والتكافل وغير ذلك، ولا بد أيضاً من الإقرار بالحاجة إلى التوازن في العلاقة بين مسؤولية الفرد من حيث هو ومسؤوليته من حيث هو فرد في جماعة.

7

من القضايا التي لا يوليها الخطاب الثقافي العربي الاهتمام
الكافي **"الأصول الثقافية للنظم السياسية"**، فالثقافة هي الجذر
الأهم للخيارات السياسية، وليس المصالح، كما يشيع في الخطاب
السائد، ما يجعل التعاطي مع الأحداث يعزز السطحية والآلية في فهم
الواقع السياسي الغربي. وخلال السنوات التي تلت انهيار الاتحاد
السوفيتي، مطلع تسعينات القرن الماضي، تواترت مواقف عديدة تؤكد
أن الموقف من الدين ودوره في الشأن العام ينطوي على اختلاف
عميق بين شرق الأطلنطي (أوروبا) وغربه (أمريكا).

والإحاطة بهذا الاختلاف ليس مجرد ترفٍ معرفيّ، بل ضرورة على عدة مستويات: فهو، أولاً، يساعد بشكل حاسم على فهم ما يجري. وهو، ثانياً، يزيد قدرتنا على التنبؤ الأقرب للدقة بما يمكن أن يحدث في المستقبل. وهو، ثالثاً، يكشف جانباً مهماً من جوانب تاريخنا الثقافي في العصر الحديث، فمنذ قرر محمد علي باشا (مؤسس مصر الحديثة) استلهام النموذج الأوروبي — وبالتحديد الفرنسي — ومصر تشهد صراعاً دينياً علمانياً لم تنقطع فصوله.

وفي الموقف من الدين وطبيعة حضوره على ساحة العمل العام بين شاطئي الأطلنطي يرصد الكاتب البريطاني جون لويد رصد التباعد بين الثقافتين الأمريكية والأوروبية، مؤكداً أن مشاعر الاحترام التي كان يكنها الأمريكيون في السابق للثقافة والأخلاق والحكمة الأوروبية لم تنته وحسب، وإنما تحولت إلى امتعاض عدواني. إذ تملكت الولايات المتحدة الأمريكية، على الأقل على مستوى الصفوة، فكرة أن الأوروبيين: ضعفاء، ويائسون، وناكرو جميل، وجهلاء ووضعاء، ومذنبون.

ولا بأس أن نضيف إلى الصورة التي يرسمها جون لويد حقيقة أن **"اليمين الديني الأمريكي"** ينظر بعدوانية شديدة للعلمانية الأوروبية ومن ثم يطلق عيها وصفاً قاسياً هو: **"أوروبا الكافرة"** ويطالب بإعادة تبشيرها بالمسيحية مرة أخرى!!

وبتأثير الشعور الطاغي بالاختلاف في هذه المسألة بين الأوروبيين والأمريكيين أصبح هناك مصطلحات من نوع: **"التدين على الطريقة الأمريكية"** تصك في الإعلام الأوروبي أحياناً بغرض الوصف والتمييز وغالباً بغرض التهكم!!.

والإعلامي البريطاني جستين ويب مراسل **بي بي سي** في واشنطن صاغ انطباعاته عن هذا التمايز في تقرير لا يخلو من الطرافة، ومما قاله: **"أنا وزوجتي لا نعتقد في وجود الله، وخلال إقامتنا السابقة في بروكسل وسط البلجيكيين المفترض أنهم من أتباع الكنيسة الكاثوليكية، لم يكن عدم الاعتقاد الديني يمثل لنا مشكلة. لكن في واشنطن، تترنم إدارة بوش الابن بالصلوات دائماً وتجمعات أداء الصلاة تعقد ليل نهار. وقبل ذلك عندما كنا في**

لندن لم يكن الاعتقاد أيضاً مشكلة على أية حال. وبخلاف صديق لي ينتمي إلى الكنيسة الإنجليكانية، لا أتذكر أنني خضت نقاشاً يتعلق بمسائل دينية مع أي شخص خلال سنوات عملي في العاصمة البريطانية".

ويضيف ويب: **"لقد كان منزلنا في لندن مجاوراً للكنيسة تماماً، لكننا كنا نتحدث مع العدد القليل من المصلين عن الطقس وعن كيفية تهذيب أشجار الحديقة، ولم نتحدث عن الله إطلاقاً"**.

فكيف يختلف الموقف على الجانب الآخر من الأطلنطي؟

لقد جاء المستوطنون الأوائل إلى أمريكا ليمارسوا شعائرهم بالطريقة التي يودون. ومنذ ذلك الحين أصبح الترويج للمعتقدات الدينية، بوضوحٍ وبصوتٍ عالٍ، جزءاً من لحم الحياة الأمريكية وشحمها. والحديث هنا ليس عن ما يسمى عادة "**الحزام الإنجيلي**". ويضيف جستين ويب: **"إدارة بوش تنصت لصوت الصلاة والاجتماعات بهدف الصلاة تعقد في أوقات متفرقة ليلاً ونهاراً، ولذا فليس من المستغرب أن ترى العاملين في البيت الأبيض وهم**

يهرعون وبأيديهم الأناجيل. وقد قال لي صديق يعمل بالقسم الصحفي في داوننج ستريت (مقر رئيس الوزراء البريطاني) إن مشهداً كهذا يندر وجوده في لندن حتى في ظل الظروف غير العادية".

والتدين على الطريقة الأمريكية بما يحتويه من ثنائيات: "الخير" و"الشر"، "الصواب" و"الخطأ"، "الجنة" و"النار"، لا يقتصر على أركان الإدارة الأمريكية بل يتعداه للمواطن الأمريكي العادي وهو ما يشير دهشة ويب.

فطبقاً لاستطلاعات الرأي فإن 86 % من الأمريكيين يعتقدون في الآخرة والله. لكن الأكثر غرابة بالنسبة لي — والكلام ما زال لجستين ويب — الذي لا يمكن فصله عن ذلك، فهو ما تكشفه الاستطلاعات أيضاً من أن 76 % من الأمريكيين أي ثلاثة من كل أربعة، يعتقدون في وجود الشيطان والجحيم. ويعتقد هؤلاء أن الشيطان يتآمر على الإنسان، وأن الشر قوة في العالم ويجب الدخول في حرب ضدها!!

وبطبيعة الحال تعكس دهشة ويب وسخريته جانباً كبيراً من التمايز والاختلاف.

ويورد ويب حقائق لا نبالغ إذا وصفناها بأنها عجيبة عن مجتمع تصوره هوليوود مادياً ولىَّ ظهره للدين تماماً، إذ يتحدث الأمريكيون عن الصلاة، باعتبارها أكثر الأمور بساطة وعادية في حياتهم. فالسيدة التي توزع البريد على منطقتنا في إحدى ضواحي واشنطن لديها ابن مريض، ورغم أن الأطباء يقومون بكل ما في وسعهم، فإنها تصلي دائماً، وتعتقد أن هذا سيشفي ابنها. وعندما عُثر على طفلة ظلت مفقودة لمدة تسعة أشهر، وقد وجدت في حالة جيدة واظبت أجهزة الإعلام على وصف ما حدث بانتظام بأنه معجزة. وقد أظهرت إحدى المحطات التليفزيونية تعليقاً على ما حدث على شاشتها يقول: "**قوة الصلاة**". وكما هو واضح يتعامل جستين ويب بتأثير ثقافته الأوروبية مع الدين باعتباره ظاهرة "**لا عقلانية**".

وقبل التعرض بالوصف أو التحليل بما يمكن أن نسميه: **"الدين على الطريقة الأوروبية"**. نتوقف أمام قصة لا تخلو من طرافة قد تكون مفتاحاً للفهم. ففي يونيو 2003 تقرر إيقاف قس دانماركي عن العمل لسبب جعل قصة إيقافه موضوعا إعلامياً مثيراً. القصة ببساطة أنه اعترف في حديث صحفي بأنه لا يؤمن بالله، حيث قال: **"لا يوجد إله، ولا حياة أبدية، ولا بعث"!!**.

والأكثر طرافة أن القس غير المؤمن بوجود الله وجد بين علماء اللاهوت من يؤيده، فمثلاً مدير **كلية دراسات اللاهوت الدانمركية** وصف مزاعم القس بأنها **"منعشة"** !

وفي مقابل الصورة التي رسمها البريطاني جستين ويب للتدين على الطريقة الأمريكية يرسم دومينيك فيدال في **"لوموند"** الفرنسية صورة مختلفة للأمر في فرنسا (عدد سبتمبر 2001) ، وبدءًا من العنوان: **"نصف الفرنسيين لا ينتمون إلى أي كنيسة"** تبدو ملامح الاختلاف. ففي العام 1966 أعلن 89 في المئة من الفرنسيين انتماءهم إلى أحد الأديان فيما أكد 10 في المئة أنهم لا يعتنقون أي

دين. بعد 32 عاماً صارت النسب المئوية على التوالي 55 و 45 في المئة.

ويشكل الذين لا دين لهم أكثرية واضحة لدى من هم دون الخمسين من العمر 63 في المئة، ويمكن اختصار المشهد الفرنسي بالنظر إلى التطور الطارئ منذ 1998، فللمرة الأولى نجد عدداً متساوياً ― إن لم يكن أكثرية ― من الفرنسيين خارج الديانات وداخلها. بينما يعلن 5 في المئة فقط من الأمريكيين أنهم "خارج الأديان".

ولرسم صورة أكثر تفصيلاً، يورد فيدال إحصاءات أخرى مهمة. فمن لا دين لهم في فرنسا لهم معتقدات غيبية، فحسب دراسة العام 1999 بينهم الفئات التالية:

23 في المئة يؤمنون بالله

26 في المئة يؤمنون بالحياة بعد الموت

12 في المئة يؤمنون بالجنة

7 في المئة يؤمنون بجهنم

وتبدو لهم الاحتفالات الدينية على جانب من الأهمية عند الولادة (33 في المئة) والزواج (39 في المئة) والوفاة (46 في المئة). أما المعتقدات الموازية (الفأل الحسن وقارئات الحظ والقادرون على شفاء الأمراض أو علم الأبراج) فرغم أن 49 في المئة يرفضونها، بحسب دراسة 1998، فان 33 في المئة مترددون و18 في المئة يؤمنون بها.

وكما أن للاختلاف جذوراً تعود، في التجربة الأمريكية، إلى مرحلة نشأتها، فإن للصيغة الفرنسية جذوراً تعود إلى القرن الثامن عشر. ورغم أنها ليست البلد الغربي الوحيد الذي يصر على الفصل بين الكنيسة والدولة إلا أنها تدافع عن هذا الفصل بضراوة تفوق غيرها. فالعلمانية في فرنسا أقرب إلى مفهوم بديل لدى الفرنسيين عن ما يمكن أن نسميه: "**دين الدولة**"، وهي المبادئ الرئيسة للفكر التقدمي للبلاد منذ القرن الثامن عشر.

وحتى الآن فإن أي شيء يشتم منه رائحة اعتراف رسمي بدين ما — مثل السماح بالحجاب في المدارس — يعد أمراً لا يقبله الكثير من الفرنسيين البتة. وحتى من يعارضون فرض حظر على

الحجاب يعارضون ذلك تحت اسم صورة أكثر حداثة ومرونة من العلمانية. ويمكن النظر إلى الإرث العلماني في فرنسا على أنه أثر جانبي للكاثوليكية الفرنسية، حيث طالما نظر التقدميون الفرنسيون إلى المنبر الديني على أنه عدو، وليس منبراً بين منابر التعبير، خلافاً للوضع في بعض البلدان البروتستانتية. ومفكرو التنوير الفرنسيين مثل: فولتير وديديرو ومونتيسكيو، نظروا إلى الدين على أنه عامل تفريق وإظلام وتعصب.

وقد جاءت "**الثورة الفرنسية**" لتجلب صداماً مباشراً بين الكنيسة والدولة، فقد صادرت الثورة أوقاف الكنيسة وجعلت رجال الدين يقسمون بالولاء للجمهورية الفرنسية، وخلال الثورة وخلال فترة الإمبراطورية الفرنسية التي تلتها، قاوم الفاتيكان "**النمط الجمهوري**" الذي كانت باريس تسعى لفرضه في أنحاء أوروبا. وكان أن زحف الجيش الفرنسي على روما مرتين، مرة في 1798 ومرة في 1809، حيث اعتقل من رفض الانصياع من البابوات.

وتوصّل نابليون بونابرت إلى درجة من التوافق مع الكنيسة التي أصبحت خاضعة لسلطة الدولة – وإن تُركت وشأنها طالما اقتصرت على الأمور الروحية. واستمر هذا الاتفاق الذي عرف باسم: "**الكونكوردا**"، لقرن من الزمان. وفي عام 1905 ومع تجدد حركة التحفز ضد رجال الدين، أعلنت الجمهورية الثالثة مرسوماً يقضى بالفصل التام بين الكنيسة والدولة. ويعني قانون الفصل الحياد الصارم للدولة فيما يتعلق بالشؤون الدينية، فالدولة الفرنسية لا تسمح بالدعوة لأي دين في الأبنية العامة، وبالتأكيد في مدارسها حيث يجري تدريس مواطني الغد.

وتضرب فكرة الإصرار على خلو المدارس من أي صبغة دينية بجذورها في لب مفهوم المواطنة الفرنسية. وطالما اعترفت الجمهورية بالأفراد، وليس بجماعات؛ حيث يدين المواطن الفرنسي بولائه للأمة، وليس لديه هوية عرقية أو دينية رسمية أمام الدولة. وأياً كانت النتيجة التي تنتهي إليها معركة الحجاب في فرنسا فإن دروسها الثقافية والمعرفية شديدة الأهمية لكونها لحظة من اللحظات التي تسفر فيها مكنونات الوجدان الفرنسي في الظهور بشكل جلي.

8

فردريك ويلهم نيتشة (1844 – 1900): فيلسوف علماني عدمي ألماني، تدور فلسفته في إطار عقلاني مادي. كان نيتشه ابناً لواعظ بروتستانتي، درس الأدب الألماني والديانات وفقه اللغات الكلاسيكية. وعين أستاذاً لهذه المادة الأخيرة في بازل بسويسرا وأصبح مواطناً سويسرياً. خدم لفترة قصيرة في الحرب الفرنسية البروسية (1870 – 1871) في الجانب البروسي، وعاد إلى بازل بصحة متهدمة، ثم نشأت صادقة بينه وبين الموسيقار فاجنر سرعان ما انتهت حين تصالح فاجنر مع الإمبراطورية الألمانية الناشئة

التي كان يمقتها نيتشه. واكتسب نيتشه شهرة عالمية واسعة دون أن يعلم ذلك، وأصيب بانهيار عقلي وجسماني في يناير 1889.

من أهم مؤلفاته: "**مولد المأساة**" (1872)، و"**إنساني .. إنساني إلى أقصى حد**" (1878)، و"**العلم المرح**" (1882)، و"**ما وراء الخير والشر**" (1886)، و"**أصل نشأة الأخلاق**" (1887). لكن أهم كتبه وأشهرها هو: "**هكذا تحدث زرادشت**" (1883).

ويرى المفكر العربي الإسلامي المرموق الدكتور عبد الوهاب المسيري أنه لا يمكن فهم إشكالات الفلسفة الغربية المعاصرة إلا بفهم محورية فلسفة نيتشه. وقد بدأ تاريخ الفلسفة الغربية الحديثة بظهور العقلانية المادية التي عبرت عن نفسها في بداية الأمر بـ "**النزعة الإنسانية**" (الهيومانية) في عصر النهضة التي جعلت الإنسان الواعي مركزاً للكون، لكن ظهرت في الوقت ذاته فلسفة علمانية جعلت المادة غير الواعية مركزاً للكون، وتاريخ الفلسفة الغربية هو تاريخ الصراع بين الرؤيتين. وقد تطورت الفلسفة الهيومانية وطرحت صورة

للإنسان باعتباره كائناً قادراً على التحكم في نفسه وعواطفه وعلى غزو الكون وتسخيره من خلال إعمال العقل.

والعقل هنا "**شيء ما**" داخل الإنسان الفرد والجنس البشرى ككل، يجعله يكتشف القواعد الثابتة في الكون، فكأن العقلانية تفترض وجود ثبات في عقل الإنسان وقوانين ثابتة في الكون المتغير، بل تفترض تماثلاً بين العقل والكون. وقد تصاعدت هذه النزعة الإنسانية العقلانية في القرن الثامن عشر، عصر العقل والاستنارة حين نجحت الفلسفة النقدية والتجريبية في القضاء التام على الأساس الديني للمعرفة والأخلاق، وفى أن تجعل المادة المتغيرة وقوانينها المرجعية الوحيدة. لكنها مع هذا أسست نظماً معرفية وأخلاقية تستند إلى نقطة ثبات ما توجد خارج المادة المتغيرة. مثل العقل و"**الطبيعة البشرية**" وبعض المطلقات العلمانية الأخرى (مثل الحتمية التاريخية — العقل المطلق — الإيمان بالتقدم .. الخ) .. وجميعها مما يستدعى فكرة الأصل وما وراء الطبيعة والأساس الميتافيزيقي (أي الغيبي).

ويعد هذا بالنسبة لكثير من المفكرين الماديين الذين يتسمون بالصرامة شكلاً من أشكال التخلف، وفشلاً ذريعاً للفلسفة الغربية: أن تؤسس أنساقاً أخلاقية (تسم بالثبات والمطلقية والتجاوز) بعد القضاء على الأخلاق المسيحية، وبعد القضاء على اليقين الديني، ففي هذا سقوط في الميتافيزيقا (أي التفكير الغيبي). وهو ما يعني استدعاء الأصول الربانية للإنسان بدلاً من أصوله الطبيعية المادية ويشكل عودة للغيبية والثنائية (الدينية) التقليدية، بعد أن أخذت شكلاً جديداً ذلك أن افتراض وجود مثل هذه الثوابت يتناقض مع الرؤية العلمانية والعقلانية المادية الصارمة، التي لابد أن ترد الكون بأسره إلى مبدأ واحد كامن في الطبيعة/ المادة لا يتجاوزها.

لكل هذا، كانت الفلسفة الغربية الحديثة في انتظار فيلسوف يأخذ الخطوة المنطقية المتضمنة في النموذج المادي، ويحرر الإنسان من أي أوهام متبقية عن الثبات والتجاوز والكلية، ويحقق العلمنة الكاملة للمجال الفلسفي بأن يطهره تماماً من "**ظلال الإله**" (على حد قول نيتشه)، أي من أي قيم وثوابت وكليات وغايات (أخلاقية أو معرفية) تتجاوز المادي والمباشر، وبالتالي يتم القضاء تماماً لا على اليقين

المعرفي والأساس الديني للأخلاق وفي النهاية يتم القضاء على فكرة الأخلاق ذاتها.

وقد ظهر نيتشه: ابن داروين وشقيق بسمارك (على حد قول جون ديوي) فأنجز للفلسفة الغربية ما عجز عنه السابقون عليه، وطوّر رؤية معرفية علمانية إمبريالية لا ينقصها سوى الجيوش والدبابات. وتعود أهميته الحقيقية إلى أنه ساعد على استكمال الطفرة الفلسفية التي سيتحقق من خلالها النموذج العلماني المادي ويتعين ويتبلور، فأسس فلسفته انطلاقاً من كثير من مقولات عدمية وأطلق عبارته الشهيرة "**لقد مات الإله**".

9

من المفاهيم التي عمل على بلورتها المفكر العربي الإسلامي المعروف الدكتور عبد الوهاب المسيري في موسوعته **"العلمانية الجزئية والشاملة"** مفهوم: **"الدولة المطلقة"** أو **"الدولة الرشيدة"**. ويقصد بالرشد في المفهوم الغربي الحديث الاستناد إلى مرجعية الواحدية المادية، بمعنى أن رشد العقل هنا يتمثل بأنه يبحث عن الوسائل الناجعة التي تدرّ عليه ربحاً دون النظر إلى غاية أخلاقية سماوية أو إلى هدف متجاوز للإنسان ومصلحته، أو اعتبار يتعلق بالإله أو الغيب أو بقيمة مطلقة. وقد تمّ نقل الرشد من إطار البحث عن الدين الحق

والطريق الصحيح للآخرة، إلى البحث عن الدنيا الحقيقية والطريق الذي يقود إلى إنتاج أوفر للإنسان في هذه الدنيا، بل صار الرشد يكمن في تجاوز ذاك الطريق الذي يقودك إلى الخروج من الدنيا!!!.

لقد تمّ إذن تحرير العقل أي إطلاقه من أي غاية أو هدف يتجاوز الدنيا، هذا هو الرشد بالمعنى الغربي: "**الدنيوية**". وبهذا تكون "**الدولة المطلقة**" دولة دنيا لا دولة آخرة، ولتحقيق ذلك لابد أن تطلق نفسها من الدين، ولا تشغل نفسها بالبحث عن طريق الرشد الأخروي، فتلك ليست مهمتها، فرشدها يكمن في الدنيا. لقد تمّ ذلك في إطار الواحدية المادية، لقد خلصنا المادة من أي مرجعيات متجاوزة تفسّرها، فأنتجنا العلوم الطبيعية الحديثة، كذلك خلصنا العقل والدولة، من أي مرجعية متجاوزة تحكمهما، فأنتجنا العقل المادي التجريبي الحديث والدولة الحديثة المطلقة.

ولعل "**الثورة الفرنسية**" تمثل النموذج الأبرز في هذا البعد حينما حطمت الكنيسة، وثارت على الملك، وأحرقت آلاف الرهبان والراهبات، وتخلّصت من كل ما يمت بصلة إلى هذا المتجاوز الذي

كان يتحكم في الدولة. بعد أن تمكّنت الدولة من تحقيق مطلقيتها، أصبحت **"هي الإله"**، هي المرجع، هي صاحبة السيادة العليا، هي التي لا يمكن تجاوزها، ولا يمكن تجديفها، ولا يمكن الهرطقة تجاهها، أصبحت هي المطلق، وكان هيجل من أبرز الفلاسفة المتحمسين للدولة المطلقة التي تحكم قبضتها على كلّ شيء، ولا تغادر الإنسان في أي جزء من جزئياته، حتى شبهها الفيلسوف هوبز بالتنين، الكائن الوحشي الذي يستطيع أن يلتهم الجميع في فمه. وهكذا لم يعد الإله في السماء، بل في الأرض، مجسّداً في الدولة، لكن لا ليحكمها هو باسمه. لقد أصبح الإله دولة. فهذه القوة المطلقة حين كانت في السماء كانت تسمي الله، الغيب، لكن لما صارت في الأرض، صارت تسمى القوة المطلقة والدولة المطلقة.

وأهم سمات الدولة المطلقة أنها **"دولة مركزية"**، لديها مركز، عاصمة مركزية، حكومة مركزية، قوانين مركزية، دستور مركزي، مفهوم مركزي للإنسان لا يقبل التعدد، لذلك كان نموذجها التاريخي الأبرز، الدولة القومية، التي تنصهر فيها الأعراق كلها في نموذج واحد. ومثال الدولة القومية الأوضح في هذا الضبط هي الدولة النازية.

10

يرى المفكر المصري المعروف الدكتور أنور عبد الملك أن
تاريخ الفلسفة حتى ظهور الإسلام كان يكشف عن توجهين
متمايزين، التصور الفلسفي السائد عن فكرة **"التناقض"** وهو:
**"المقابلة الضرورية التي لا مفر منها بين عاملين/ عنصرين — أو
أكثر — مختلفين ومتمايزين، وتؤدي بالضرورة إلى الصراع بين
العاملين /العنصرين — أو أكثر — بالمعنى الفكري. أي الصراع بين
الأطروحة ونقيض الأطروحة، الذين يحددان التركيب كنتاج لهما،**

وهو التصور السائد لمفهوم التناقض من أفلاطون إلى هيجل وماركس، كما أنه التيار الرئيس في الفلسفة الأوروبية الغربية".

والتقليد الثاني هو التقليد الفلسفي الذي يفترض أن "**التناقض جوهر الكينونة (الوجود نفسه)**"، أي أن التناقض هو جوهر الوجود نفسه. وجاء الإسلام ليرسي أسس تقليد فلسفي ثالث يقف على مسافة منهما ومن التصور التصادمي للتناقض عموماً، ويميل إلى تصور تجميعي للوجود شاملا كل أوجهه وتناقضاته.([16])

وعلى أساس هذه الفلسفة الجديدة كل الجدة في التاريخ البشري عرفت الإنسانية مع الإسلام – لأول مرة في تاريخها – من خلال فكرة "**الوسطية**" القدرة على التوفيق بين الكثير من الثنائيات المتعارضة التي تحكم حياة البشر (المادة/ المعنى – العقل/ القلب – الروح/ الجسد ....). وبين كل الأفكار التي قدمت تصوراً متكاملاً لمسيرة الإنسان على الأرض، حقق الإسلام أهدافه بالإنسان وليس

([16]) المبادرة التاريخية نحو طريق الحرير الجديد – الدكتور أنور عبد الملك – الهيئة المصرية العامة للاستعلامات – مصر – سلسلة أفكار – رقم 4.

على حساب الإنسان، فلم يسمح بوجود أوثان سياسية أو اقتصادية أو فلسفية يقدم الإنسان نفسه على مذبحها، ولم يحطم فطرة الإنسان لأجل مزيد من التقدم.

ولعل التجربة الغربية في هذا السياق تقدم لنا درساً بليغاً عل مستويات عدة، فمنطق الصراع أدى إلى قيام علاقة مختلة بين الإنسان والطبيعة سعى فيها الإنسان إلى السيطرة على الطبيعة خارج أي إطار أخلاقي، فقضى على الكثير من التوازنات القائمة فيها، ليجد نفسه أمام مشكلة بيئية عميقة ترجع أسباها الأساسية إلى غياب الإطار الأخلاقي لعلاقة الإنسان بالطبيعة. بينما جعل الإسلام الطبيعة بعناصرها المختلفة تحت سقف المسئولية الأخلاقية. وكان لمفهوم التسخير دور كبير في انتفاء غياب لصراع كأساس لعلاقة الإنسان بالطبيعة، فما دام الله قد سخر الطبيعة للإنسان فلا حاجة لأن يقهرها أو يحاول السيطرة عليها.

وعلى مستوى آخر تقدم التجربة الغربية درسا فيما يمكن أن يدفعه الإنسان من ثمن فادح نتيجة اعتناقه "**عبادة التقدم**"، فما

يعانيه الغرب من أزمات مستحكمة تعصف بحياة الفرد والأسرة والمجتمع، مما يدرج دائما ضمن "**ثمن التقدم**" يؤكد أن نجاح أي منظومة في تحقيق أهدافها لا يجوز أن يكون على حساب الإنسان.

11

تقوم "**نظرية النشوء والارتقاء** على مشاهدات وأدلة جمعها تشارلز داروين تحولت بمرور الزمن إلى نظرية تدعي القدرة على تفسير الحياة الطبيعية كلها، دون الإقرار بـ "**الخلق**" كما ورد في الكتب السماوية. وما زالت النظرية موضوع جدل كبير ثقافياً وعلمياً، في عدد من دول العالم. وفي الولايات المتحدة الأمريكية شهدت السنوات الأولى من القرن الحادي والعشرين جدلاً واسعاً حول مشروعية تدريس "**النشوء والارتقاء**" في مناهج التعليم الأمريكية.

وتخطط "**جامعة هارفارد**" لدراسة علمية عن كيفية ظهور الحياة على الأرض ما جعل كثيرين يعتبرون واحدة من أعرق الجامعات الأمريكية قد دخلت المناظرة المشحونة سياسياً بشأن إيجاد بديل لنظرية تشارلز داروين عن النشوء والارتقاء.

ومعارضو النظرية قالوا إن مشروع هارفارد البحثي يمثل دليلاً على أن العلم ما زال يتعين عليه أن يدحض نظريات بديلة، منها فكرة: "**التصميم الذكي**" السائدة بين المحافظين المتدينين الأمريكيين، وبينهم الرئيس السابق جورج بوش الابن. ويقول أنصار فكرة "**التصميم الذكي**"، إن الطبيعة بالغة التعقيد ولا يمكن أن تكون ظهرت عن طريق انتقاء طبيعي عشوائي كما قال داروين في نظريته: "**النشوء والارتقاء**" عام 1859 بل يجب أن تكون نتاج "**سبب ذكي**".

وقال مسؤول من هارفارد إن الدراسة التي تعدها الجامعة بعنوان: "**أصول الحياة في الكون**" ستسلك العديد من مناحي علوم الأحياء والكيمياء والفضاء بحثاً عن ردود علمية على أسئلة مطروحة

منذ زمن بعيد بشأن الارتقاء. ومعارضو نظرية النشوء والارتقاء يقولون إن المشروع يشير إلى أنه لا يزال يتعين على العلم أن يثبت "**نظرية داروين**" بالكامل. وقال جون وست الزميل في **معهد ديسكفري** في سياتل (وهو مركز دراسات يدعم "**نظرية التصميم الذكي**"): "**هذا... اعتراف مذهل بأن النظريات الراهنة لا تفسرها، وأنها لم تدحض فكرة أن الأشياء كانت نتاج سبب ذكي**". ويتبنى "**معهد ديسكفري**" فكرة تدريس انتقادات لنظرية داروين في المدارس.

من جهته وافق **مجلس التعليم بولاية كانساس** مؤقتاً بعد أشهر من الجدل حول العلم والدين على معايير جديدة خاصة بتدريس مادة العلوم تحد من دور نظرية النشوء والارتقاء في المقررات التعليمية الخاصة بأصل الحياة. وبذلك تنضم ولاية كانساس إلى مينيسوتا وأوهايو ونيو مكسيكو التي أقرت جميعها مؤخراً تحليلاً نقدياً لـ "**نظرية النشوء والارتقاء**".

84

والمعايير الجديدة لن تلغي تدريس نظرية الارتقاء تماماً، ولن تطالب بتدريس "**نظرية الخلق**" التي تتفق مع المفاهيم الدينية، لكنها ستشجع المعلمين على مناقشة وجهات النظر المختلفة وستستبعد نظرية الارتقاء كمقرر دراسي أساسي.

12

إذا كانت البشرية قد عرفت خلال تاريخها أشكالاً متعددة من الاستبداد السياسي والاستئثار بالسلطة فإن اقتران هذا الاستئثار بوجود بنية للسلطة تتسم بالازدواجية والسرية هو أخطر أشكال الاستبداد على الإطلاق، فالاستبداد أي كان شكله هو انحطاط أما استبداد التنظيم السري فوباء!

وللأكاديمية البريطانية المعروفة ليندا ميلفرن كتاب مهم لفهم الظاهرة خصصته لكارثة رواندا وعنوانه: **"شعب مضلل"**، والكتاب

يكشف عن معلومات مثيرة تتصل ببنية السلطة في رواندا قبل الكارثة مباشرة فالرئيس الرواندي السابق هابيريمانا كان مرتبطاً بعلاقات وثيقة مع العائلة المالكة البلجيكية وفرنسا واستناداً إلى دعمهما المطلق تحول إلى الرئيس/ الملك ورغم هذا فإن القوة الحقيقية كانت تكمن في يد زوجته أجاسي التي كان الرونديون يلقبونها باسم شخصية رهيبة من تاريخ بلادهم. وحسب كتاب ملفرن فإن أجاسي أحاطت نفسها بمجموعة من "**متحجري القلوب**"، وكونت مافيا شديدة الإحكام سميت: "**أكازو**" أي حكم القلة.

وحسب أحد المنشقين على هذه المافيا ذات الخطاب الثوري فإنهم تعاملوا مع الدولة كشركة خاصة يحق لهم أن ينتفعوا منها قد ما يستطيعون، أما الرئيس وقادة "**الحركة الثورية الحاكمة**" فوقعوا في شباك هذه المافيا. ولم تكن هذه المافيا السرية من صناعة العقلية الشعبية التي تبحث عن الغامض والسري والمثير بل أشارت إلى وجودها تقارير رسمية من بينها تقرير جوهان سويفن سفير بلجيكا (1992) في رواندا الذي جاء فيه أن هذه الجماعة السرية تخطط لإبادة التوتسي. ولم تكن السرية مقصورة على رواند القابعة في قلب

أحراش أفريقيا ففي فرنسا التي كانت تدعم هذه المافيا السرية استصدرت قرارات رسمية بمضاعفة المساعدات الفرنسية لرواندا ثلاثة أضعاف وبقيت القرارات التي تخص رواندا سراً حتى تظل فرنسا غير مسئولة عن جريمتها!!!!

وتشير دراسة ملفرن إلى دور الإعلام "**الخاص!!**" في صنع الكارثة ففي عام 1993 انخفضت أسعار أجهزة الراديو فجأة وأعلن عن تأسيس إذاعة خاصة ساهم فيها أعضاء مافيا الأكازو ولعبت هذه الإذاعة دوراً كبيراً في إعداد الشعب نفسياً لارتكاب جريمة الإبادة. وعندما اغتيل الرئيس هابيريمانا كانت السيدة أجاسي على أول طائرة فرنسية تقلع من مطار العاصمة حيث تعيش في شقة فاخرة بباريس.

وقد أطلق المفكر الإسلامي المرموق الدكتور أبو يعرب المرزوقي على الجانب الثقافي من الظاهرة تعبير: "**التحديث الاستبدادي والبهائية المتخفية**" حيث دخل الثوريون العرب تجربة "**إصلاح**" الشعوب بدلاً من إصلاح الدولة وذلك حتى يصبح

المواطنون متوافقين مع شكل للدولة معد ومستورد من أوروبا هو خليط تلفيقي من النموذجين الفرنسي والألماني للدولة القومية. وفي كتاب "**دولة المنظمة السرية**" للسياسي العراقي حسن العلوي الذي كان من قيادات البعث، وصف العلوي جانباً من البنية السرية للنظام العراقي و"**المناطق المحرمة**" في السياسة العراقية التي لم يكن يسمح لأحد من خارج الحلقة الضيقة بدخولها.

وقضية السرية في التنظيم السياسي تعيد للذاكرة أسماء مثل: "**جماعة تركيا الفتاة**" في تركيا، و"**تنظيم العروة الوثقى**" الذي أسسه جمال الدين الأفغاني وكانت باريس محطة مهمة في مساره، و"**جماعة الكتاب الأحمر**" في الشام والعراق، و"**التنظيم الطليعي**" في مصر. وإذا كانت الحقائق في دولة القانون توجد في الوثائق — أو هكذا ينبغي أن يكون — فإنها في دولة التنظيم السري تكون ملك أشخاص وهنا تغيب الوثيقة والحقيقة معاً.

وقد كشفت وثائق مخابراتية رفع عنها حجاب السرية قبل سنوات أن أجهزة المخابرات الغربية استخدمت رواية "**دكتور زيفاجو**"

الشهيرة سلاحاً في الحرب الباردة على نحو واسع وترجمتها ونشرتها على أوسع نطاق لكشف الطبيعة الدموية للنظام السوفيتي البائد، وفي ضوء هذه الحقيقة وتجارب أخرى مماثلة فينبغي الانتباه لدلالات الانتشار الواسع لرواية **"شيفرة دافينشي"** لدان براون وهي مما يطلق عليه البعض **"رواية مصنعة"**، فمحتواها التاريخي صحيح وهو نتاج جهود عشرات الباحثين، وبالتالي فهي عمل تأريخي في قالب روائي، والرواية تحكي قصة الصراع بين محافل سرية أوروبية والتأثير الكبير لهذه المحافل في التاريخ الأوروبي، ومن ثم فإن توقيت النشر والضجة الصاخبة التي أثارها النشر، قد تكون محملة برسالة للشعوب العربية لوضع خط يفصل بصرامة بين **"السرية اللاعقلانية"** التي تمتلئ بها الثقافات الشعبية شرقاً وغرباً وبين **"دولة التنظيم السري"** التي يبدو أنها ينبغي أن تشغل العقل التحليلي العربي.

وهنا ينتهي التعقيب .... وتبقى قضايا كثيرة قد تكون سبباً في عودة ثانية إلى عالم جون ديوي الثري.

ممدوح الشيخ

باحث/ مفكر مصري

نشر له مؤلفات في القاهرة وبيروت وعمان
ومسقط والشارقة والرياض وواشنطون.